Ullrich
1987

Die Hessen-Bibliothek
im Insel Verlag

Regionalbewegungen und Heimatdiskussionen deuten darauf hin, daß auch in der Bundesrepublik die Diskussion um die regionale Identität und Kultur der Bürger begonnen hat. Die Bundesländer betrachten sich immer weniger als rein administrative Einheiten, sie betonen ihre historische und politische Eigenständigkeit. Die Hessen-Bibliothek *möchte zu dieser Entwicklung einen Beitrag leisten mit Büchern, die bisher vernachlässigte kulturelle, sozialgeschichtliche und politische Aspekte darstellen und analysieren sollen. Die* Hessen-Bibliothek *will auch ein Impuls sein für in Hessen lebende oder an Hessen interessierte Künstler und Wissenschaftler, sich mehr als bisher mit den Problemen des Landes zu beschäftigen.*

Margarethe Dieffenbach
Hessischer Trachtenalltag

Tracht als Spiegel ländlicher Lebensweisen 1925-1935

Herausgegeben von
Wolfgang Schellmann, Siegfried Becker, Gaby Mentges
und Ingeborg Weber-Kellermann

Insel Verlag

Zweite Auflage 1984

Druck: Nomos Verlagsgesellschaft, Baden-Baden
Printed in Germany

Inhalt

Vorwort

Viele Malergenerationen, allen voran die Künstler der berühmten Schwälmer Malerkolonie Willingshausen, haben ihre Motive aus Trachtenleben und Landschaft hessischer Dörfer geschöpft und ihr Bild in zahllosen Gemälden und Buchillustrationen weit über die Grenzen ihrer engeren Heimat vermittelt. Daß auch Fotografen von diesem in seiner Trachtenvielfalt wohl farbigsten Gebiet Deutschlands angezogen wurden, kann nicht überraschen. Besonders in den dreißiger Jahren lag hier ein beliebtes Tummelfeld professioneller Fotografen, als es dem Zeitgeist entsprach, die bereits deutlich in der Auflösung begriffene Trachtenkultur zum Symbol für gesundes Bauerntum emporzustilisieren. Namentlich in dieser Zeit sind eine Vielzahl von Büchern und Bilddokumentationen erschienen, die fast stets Trachtenleben im Sinne des uns heute unecht erscheinenden Zeitgeistes darstellen: Die bäuerliche Familie, selbstbewußt, wohlhabend und erfolgreich, verbunden mit der von den Vätern ererbten Scholle, nicht anfechtbar durch modischen Schnick-Schnack und naturfeindliche Technik.

Der Verfall der Trachtenkultur hat sich nach dem Zweiten Weltkrieg sehr rasch bis auf heute rudimentäre Reste vollzogen. So ist das bisher bekannte Bildmaterial fast ausnahmslos entweder in der Vorkriegszeit vor dem Hintergrund einer die Wirklichkeit zumindest recht einseitig darstellenden Zielsetzung oder bei Volksfesten in neuerer Zeit, die den Versuch machen, verlorene Trachtenkultur wiederaufleben zu lassen und zu konservieren, entstanden. Beides sind aber Situationen, die dem wahren hessischen Trachtenalltag nicht entsprochen haben oder ihn nur unvollständig beschreiben. Bei den Vorkriegsdokumenten liegt das Unechte in der Motivauswahl: die Menschen sind trachtlich immer perfekt angezogen, da gibt es keine Stilbrüche, alles wirkt wohlgeordnet und positiv. Was fehlt, sind die kleinen Mängel, die tägliches Leben auf dem Lande kennzeichnen und für das Verständnis der Gesamtsituation wichtig sind. Zu einer lebendigen Darstellung gehören eben nicht nur die Dinge, die Landleben erstrebenswert und gesund erscheinen lassen, sondern auch das, was mühevoll, kärglich und wenig erfreulich ist.

In der Ursache anders im Ergebnis aber ähnlich liegt die Problematik des Bildmaterials, das im Rahmen von Volksfesten in neuerer Zeit entstanden ist. Die Gesamtsituation ist eben von Anfang an auf Betrachtetwerden abgestellt und nachgestellt. Wichtige Details sind aber heute nicht mehr ohne weiteres stimmig hinzubekommen. Wer gewohnt ist, moderne Kleidung zu tragen, beherrscht eben nicht die den schweren, zum Teil unförmigen Trachtenkleidern angepaßte Körperbewegung.

Technisch sind alle diese Fotografien ganz hervorragend gemacht, keine Frage, aber man spürt allenthalben die im Sinne wirklichkeitsnaher Dokumentation unzulässige Einflußnahme des Fotografen auf das Motiv.

Vor diesem Hintergrund ist das fast 3000 Negative umfassende fotografische Werk, das Margarethe Dieffenbach in den Jahren um 1930 von den hessischen Trachtengebieten aufgenommen hat, von außergewöhnlichem dokumentarischem Wert. In einer Zeit, in der ihre fotografischen Kollegen weitgehend von der Blut- und Bodenideologie beherrscht sind, entdeckte sie den Reiz, der von den realen ländlichen Motiven ausgeht. Mit sicherem Gespür für Situation und Blickwinkel begleitete sie mit ihrer Kamera den dörflichen Tageslauf. Die Bevölkerung muß empfunden haben, daß hier jemand am Werk ist, der sie versteht und jeden so sein läßt, wie er ist. In ihrer wortkargen, unaufdringlichen Art betrachtete die Landbevölkerung Margarethe Dieffenbach als eine der Ihren. Dabei mag ihr ihr unverfälschter hessischer Tonfall behilflich gewesen sein. Das Erreichen einer derartigen Vertrauensbasis war für sie die entscheidende Voraussetzung, um derart unbefangene Einblicke in die Privatsphäre der hessischen Bauern nehmen zu können; denn auch diese sind wortkarg und neigen dazu, sich von Fremden abzukapseln; wie sonst wäre denkbar, daß Trachten, aller Entwicklung im weiteren Umfeld zum Trotz, sich hier so lange haben halten können.

Ihre Arbeitsweise, Szenen mitunter stundenlang zu beobachten, hat zur Folge, daß häufig größere Bildsequenzen über dasselbe Ereignis vorliegen, deren Aneinanderreihung außerordentlich lebendige Eindrücke vermittelt. Das wird besonders deutlich bei den Kinderszenen. Noch selten ist es Fotografen zumal in der Vorkriegszeit gelungen, Kinder derart unbefangen und kindgemäß aufzunehmen.

Margarethe Dieffenbachs Bilder erzählen Geschichten. Es ist wichtig, sie in der inhaltlichen Abfolge zu betrachten und gleichsam darin spazierenzugehen; dann schnüffelt man echte hessische Landluft und erlebt den Kreislauf des Lebens auf dem Dorfe.

Um diesen Gedanken zu unterstreichen, wurde als Ordnungsprinzip der Abbildungen dieses Buches der thematische Zusammenhang und nicht wie sonst üblich die Trachtenlandschaft gewählt. So erleben wir in den einzelnen Kapiteln quer durch die hessischen Trachtendörfer, was sich in und um Haus und Hof, unter der Woche, an Sonn- und Feiertagen, auf dem

Feld zu ereignen pflegte. Am Markttag haben sich ja ohnehin die unterschiedlichsten Trachten in der Stadt zusammengefunden und dort für ein bunt gemischtes Bild gesorgt.

Margarethe Dieffenbach lebt heute in Darmstadt als Studienrätin im Ruhestand. Sie wurde 1894 im Forsthaus Jägersburg der Gemeinde Großrohrheim an der Bergstraße geboren und entstammt der bekannten oberhessischen Familie Dieffenbach, die eine ganze Reihe bedeutender Persönlichkeiten hervorgebracht hat. Über ihr Lehrfach – das Schneiderhandwerk –, das sie an Gewerbeschulen in Alzey und Darmstadt unterrichtete, hat sie zeitlebens ein lebhaftes Interesse für die Volkskunde entwikkelt.

Daß dabei der hoch entwickelten hessischen Stick- und Strickkunst ihre besondere Liebe gehörte, ist nur zu verständlich. Zusammen mit ihren Schülerinnen strickte sie die schwierigen Muster nach und erarbeitete dazu eine umfassende Dokumentation.

Zur Fotografie kam sie früh, nachdem ihr der Vater bereits 1914 einen Plattenapparat Fabrikat Ernemann schenkte und sie sich schon in den 20er Jahren eine Leica kaufte. Die Leica, damals gerade neu entwickelt, war als erste Kleinbildkamera der Welt seinerzeit die große technische Sensation auf dem Fotomarkt und fraglos die Voraussetzung für den Typ des Schnappschusses, den Margarethe Dieffenbach so meisterlich beherrschte. Ihr fotografisches Talent fand überregionale Beachtung. So wurde sie mehrfach in öffentlichen Ausstellungen prämiert und erhielt mehrere Gold- und Silbermedaillen von der Photographischen Gesellschaft, unter anderem für ihre Arbeit über Schwälmer Strickmuster. In zahlreichen Bildbänden über Volkskunde und Volkskunst sind Bilder von ihr veröffentlicht, nicht immer unter Hinweis auf ihre Urheberschaft oder mit ihrer Kenntnis. In der ihr eigenen Bescheidenheit hat sie selbst nie an Veröffentlichung gedacht. Gelegentlich hielt sie im Freundes- und Bekanntenkreis an Hand der besten Bilder kleine Diavorträge; den weitaus größten Teil der Trachtenbilder aber hat sie selbst erst jetzt bei der Zusammenstellung dieses Buches in guten Abzügen gesehen. Die Negative bewahrte sie in einer Schachtel im Bewußtsein um ihren Wert auf, aber sie hielt nicht für möglich, daß sich hierfür noch einmal eine breitere Öffentlichkeit interessieren könnte.

So ist es besonders erfreulich, daß ihre Arbeit eine späte Würdigung in der Hessen-Bibliothek erfährt.

Wolfgang Schellmann

Hessisches Trachtenleben um 1930

Die Fotoernte der Margarethe Dieffenbach aus dem Jahrzehnt zwischen 1925 und 1935 ist ein Glücksfall sowohl für die hessische Kulturgeschichte wie für die Volkskunde/Europäische Ethnologie ganz allgemein. In Hunderten von guten und vorzüglichen Aufnahmen hat sie mit aufmerksamem und sachkundigem Auge das Trachtenleben jener Zeit bei den verschiedensten typischen Gelegenheiten des Alltags und der Feiertage festgehalten. Damit wurde gewissermaßen unbewußt eine letzte hessische Trachtenbilanz gezogen, der 15 Jahre später noch ein kurzer Überblick durch Wolf Lücking folgte. Doch dann verschwand mit der geschlossenen agrarischen Dorfwelt auch die Tracht allmählich aus der hessischen Landschaft; sie rettete sich in Umzüge und Volkstanzgruppen als folkloristisches Kostüm, und manche Museen bewahren ihr farbiges Bild. Aber ihr einstiger Lebenszusammenhang ist auf diese Weise weder zu konservieren noch zu rekonstruieren.

Er ersteht jedoch in diesem Buch aus den erzählenden und beobachtenden Fotografien der Margarethe Dieffenbach. Ihnen sei eine kultur- und sozialgeschichtliche Umschau über die Trachtenlandschaft Hessen vorangeschickt.

Was gehörte früher zu einer Tracht? Hauben und Tücher, Röcke und Mieder, Leibchen und Hemden, Schürzen und Umschlagtücher, Strümpfe und Schuh; das alles in großer Vielfalt, jeweils nach dem Besitzstand der Trägerin und unterschieden für die mannigfaltigen Anlässe im Lebensverlauf, für kleine und große Feiertage, für den Alltag und die Arbeiten des dörflichen Wirtschaftsjahres, für Arm und Reich und die verschiedenen Lebensalter. Wer auf dem Lande über 40 war, der durfte die frischen grünen und hellblauen Farben schon nicht mehr tragen, ganz zu schweigen von den rotgeborteten Röcken der jungen Mädchen. Dann beschied man sich mit dunklerem Blau, Braun, Dunkelgrün und Lila. Und wenn die Todesfälle in der nahen Verwandtschaft immer häufiger wurden, wendete sich die Kleidungsfarbe immer länger ins Schwarz.

Die Farbenzuordnung der Trachten zu den Lebensaltern ähnelt sich in vielen Trachtengebieten, wenn nicht äußere, z. B. konfessionelle Vorschriften bestimmend eingreifen. Sie entsprechen offensichtlich einem gewissen Naturgefühl, wenn sie – wie in der katholischen Marburger Tracht – den Spektralfarben des Regenbogens folgen und nach der Heirat mit Grün – Blau – Indigo – Violett die zunehmenden Jahre begleiten. Die Farbe Gelb kommt in den Trachten nicht vor. Sie war als Kleidungsfarbe verfemt und kennzeichnete verachtete Randgruppen wie die Prostituierten. Noch die Nazis bedienten sich infamerweise solcher Farbensprache, als sie mit dem gelben Judenstern diese verfolgte Gruppe stigmatisierten.

Die Trachtenfarben hatten aber noch eine andere Funktion. Sie brachten eine äußere Kennzeichnung der Mädchen und Frauen mit sich, was durchaus dem Denken der agrarischen Gesellschaft entsprach: schon an der Farbe war zu sehen, mit wem man es zu tun hatte und wie man sein Gegenüber innerhalb des Dorfganzen einordnen mußte.

Das traf noch zunehmend auf viele andere Details der ländlichen Kleidung zu, denn das Wort ›Tracht‹ kommt von ›tragen‹. Tracht ist also Ausdruck eines bestimmten Kleidungsverhaltens im Zusammenhang mit den wechselseitigen Beziehungen innerhalb der Gruppe, die diese Tracht trägt oder mit ihr in alltäglichen Verbindungen lebt. Daß hier auch soziale Unterschiede sichtbar werden, ist bekannt. Immer hat die Tracht auch als ein Mittel dörflicher Verständigung, als ein Element der Kommunikation gegolten – das heißt: nur während des dorfverbindlichen vollen Funktionierens der Tracht in allen Altersgruppen und sozialen Schichten. Und das wiederum setzt die lebendige Existenz der alten agrarischen Gesellschaft voraus.

Zur Geschichte der ländlichen Regionaltrachten überhaupt seien hier nur einige kurze Informationen gegeben. Solange die Aristokratie die europäische Mode bestimmt hatte, ähnelten sich Bürger- und Bauernkleidung, womit jeweils die Kleidung der zentralen Städte und der sie umgebenden Regionen gemeint ist, ohne daß man zu diesem Zeitpunkt bereits von speziellen Bauerntrachten sprechen könnte. Die Kleidungssilhouette der ländlichen Gebiete variierte bis etwa 1800 nicht wesentlich zu derjenigen der zugehörigen Städte; die Unterschiede lagen weniger in Form und Schnitt als vielmehr in der Verwendung kostbarer Materialien, feinerer Stoffe, edlerem Schmuck und Pelzbesatz, anderer Hüte und Hauben. Kleiderordnungen im Sinne von obrigkeitlichen Vorschriften regelten bis dahin eventuelle Übertretungen der Standesgrenzen.

Nach der Französischen Revolution übernahmen die Bürger die Modeführung in Europa, und die Städter begannen, ihr Kleidungsverhalten von den ländlich-regionalen Stilmerkmalen abzusetzen und sich dem internationalen Modetrend anzuschließen. Dadurch blieb die Landbevölkerung mit ihrer von Region zu Region unterschiedlichen Kleidung auf sich selbst gestellt. Im Verlauf des 19. Jahrhunderts veränderte sich dann das dörfliche Kleidungsverhalten allmählich in zwei Richtungen: zum einen paßten sich die Landleute, besonders die Männer, nach und nach den städtischen Kleidungsformen an, so daß zuerst die Männertrachten und später auch, vor allem in vorherrschenden Industriegebieten, manche Dorftrachten gänzlich verschwanden. Zum anderen entfalteten in entgegengesetzter Verhaltensweise einzelne Regionen eine große Farb- und Formenfreudigkeit und entwickelten eine eigene ländliche Kleidung, die bis zu extremen, exotisch anmutenden Schwell- und Schwundformen führte und den Charakter eigenständiger Regionaltrachten nach außen demonstrierte.

Trachten entwickelten sich im dörflichen Lebenszusammenhang zu einer eigenen kulturellen Struktur. Schnitt und Stoffwahl, Farben und Formen, Gestik und Gang bildeten ein ganzes Kleidungssystem als Ausdruck einer dörflich-bäuerlichen Lebensordnung, in der die Werte und Normen des Besitzes, der Altersstufen, des Familienstandes auch das äußere Erscheinungsbild bestimmten. ›Tracht‹ umschließt daher eine Fülle von wirtschaftlichen und sozialen Tatsachen. Sie ist also keine statische, in traditionellen Mustern erstarrte Kleidungsform, wie das in der volkskundlichen Literatur oft dargestellt worden ist, sondern eine durchaus wandlungsfähige Bekleidungsweise, an Stadtmoden und Dorfsitten orientiert, und manches ist aus ihrem Anblick über den wirtschaftlich-sozialen Wandel ihrer Trägergruppen zu entnehmen. Doch verlaufen ihre Veränderungen nicht im gleichen raschen Tempo wie die Stadtmoden, so daß – oberflächlich gesehen – das Dorf als traditionell erscheint, bemerken doch die Außenstehenden kaum etwas von dem langsamen und vor allem am Detail zu beobachtenden Wandel der Erscheinungsformen. Grundsätzlich ging es bei der Tracht immer um auszeichnende Eigenschaften: rot als Farbe der Jugend, viele Röcke übereinander als Zeichen des Reichtums u. ä.

»Auch im Äußerlichen zeigt sich die Tracht als eine durch Sitte und Brauch streng geregelte sinnbildhafte Abstempelung ihrer Träger. Schon an den Farben der Kleidungsstücke wie ihrer Zierate unterscheidet man das junge Mädchen (rot) von der jungen (grün), älteren (blau, violett) und alten Frau (schwarz), in der Schwalm auch den Knaben vom Jüngling und Mann (durch grüne, rote und schwarze Achselstücke) und selbst das ›gefallene‹ Mädchen vom jungfräulichen. Im Hüttenberg waren früher schon Zusammenstellungen von Hellblau und Kirschrot für unverheiratete Mädchen und Grün und Veilchenblau für junge Frauen beliebt. Diese Farbenskala wirkt sich in allen Einzelheiten der Kleidung bis auf die Knöpfe (Schwalm) und Schuhlaschen (Hinterland) aus. Volltrauer (Schwarz und Weiß), Halbtrauer und Abtrauer mit genauer Abstufung nach den Verwandtschaftsgraden regeln Werktags-, Festtags- und Brauttracht. Die trauernde Schwälmerin trägt Strümpfe, deren Muster im Gegensatz zur rechtsmaschigen Ornamentik der Freudenstrümpfe linksmaschig gestrickt sind, und in der Tracht westlich Marburgs wurden früher die Schuhe der trauernden Frauen mit schmalem statt breitem Band gebunden. Auch vertauschten die Schwälmer Neuverheirateten am ersten Ehetag die viereckigen ›Freudenschnallen‹ der Schuhe mit den ovalen ›Trauerschnallen‹, da der Ernst des Lebens begonnen, und die junge Hüttenberger Frau schnürt ihr Mieder im Zickzack statt parallel, wie sie es als Mädchen tat. Den Wohlstand kennzeichnen die Größe der Stickereien und die Anzahl der Bänder, vor allem aber die Zahl der Röcke, ja selbst die Breite der blauen Streifen an den Erntetüchern und Leinensäcken des Schwälmer Haushaltes. Das reichste Mädchen von Schrecksbach trug 16 Röcke, während im Hüttenberg des vorigen Jahrhundert nur ein Dutzend für die Braut bezeugt ist. Auch die Zahl der im Südteil des Kreises Biedenkopf früher in die Strümpfe eingenähten Wülste soll Gradmesser des Wohlstandes der einzelnen Mädchen gewesen sein. Ebenso hoben Einzelzüge der Festtracht den Schwälmer Stammhalter aus seinen Brüdern hervor. Der Unterschied von Werktags- und Sonntagstracht erstreckt sich auf alle Einzelheiten der Kleidung bis zu den Strumpfbändern. Doch geht die Sitte in ihren strengen Unterscheidungen noch weiter. Trägt der Schwälmer Bauer zum Abendmahlsgang den schwarzen Rock, so ist das ›Kamisol‹, der lange dunkelblaue Tuchrock mit violetter Stickerei, das Kleidungsstück für den zweiten Kirchgang am Abendmahlstag, das indessen nach dem Tode eines Kindes nie mehr getragen werden darf. Die weißen Leder- und Leinenhosen der Schwälmer Burschen sind Kirmestracht, aber die einzelnen Kirmestage lassen erneut die Kleidung wechseln, die am Samstag am reichsten ist. So ist alles in der ländlichen Tracht alten Schlages nach strenger Sitte geregelt und die Kleiderordnung nur Ausdruck der allgemeinen Lebensordnung, die nicht selten das einzelne Trachtenstück aus allgemeineren Vorschriften der Haltung und des Benehmens erklärt. Erst der vorschriftsmäßige gebeugte Gang des Trauergeleites, früher im Gänsemarsch, heute zu zweien, verleiht dem Trauermäntelchen die volle Wirkung.« (Spamer, S. 64 f.)

Im Gegensatz zu der von einem Zentrum – Paris oder Berlin – gesetzten und kommerziell geplanten Mode war also Tracht der formalisierte Ausdruck von Gruppendenken. Stets enthielt sie Zeichensetzungen für die dörfliche Hierarchie, und solange die Regeln des Abstandes von Besitzgruppen, Altersstufen, Geschlechtern gleich blieben, änderte sich auch wenig Grundsätzliches an den Trachten. Das heißt aber nicht, daß nicht hin und wieder Einflüsse aus der jeweiligen benachbarten Stadtmode sichtbar wurden.

Auch die Konfession der Trachtenlandschaft spielt besonders für die Farben in den Trachten eine bedeutende Rolle. Das gilt vor allem für die Festtrachten. Das dörfliche Leben war zudem gerade in seinem Kleidungsverhalten stark durch den Jahresrhythmus von Arbeit und Fest gegliedert, und innerhalb dieser beiden Oppositionen gab es wiederum eine Menge von Variationen wie bei der Festtracht z. B. die einfache sonntägliche Kirchenkleidung, die Abendmahlstracht, die große Festtracht für Ostern oder Fronleichnam, die Tanz- und Kirmestracht und schließlich die Hochzeitstracht und die eindrucksvoll differierende Fülle der Trauertrachten.

Dabei galt das Schwarz, besonders das stumpfe Schwarz, weniger als Farbe, als vielmehr als Nicht-Farbe, die langsam im Prozeß der Abtrauer von glänzendem Schwarz, Schwarz-weiß und schließlich dann dem alterszugehörigen Farbton abgelöst wurde.

Auch die Arbeitskleidung war keineswegs gleichförmig oder gleichgültig; sie sah anders aus beim Stallausmisten wie bei der Heu- oder Getreideernte oder beim Dreschen.

Wie kam früher eine Trachtenfrau zu ihrer kompletten Garderobe? Nur die wenigsten dieser Gegenstände sind fertig zu kaufen: die Konfektion hat sich solcher Dinge kaum angenommen, und nicht jede Landfrau war so geschickt und hatte so viel Zeit, sich alles selbst anfertigen zu können. So gab es in jedem Dorf Schneiderinnen, die den Kleiderbestand ihrer Dorfgenossinnen erneuerten und reparierten. Diese Frauen brauchten keine Modehefte, denn es gab keine Auswahl, was die Schnitte anbelangte, wenn auch Rocklänge oder Faltenanordnung oder Ärmeleinsatz gewissen dörflichen Modeeinflüssen unterworfen waren und sich alle Trachten im Laufe der Zeit irgendwie gewandelt haben. Doch das alles wußte die »Nähtersche« genau. Sie kannte die Dorfmode aus reinster Quelle, war sie doch häufig an ihren kleinen Wandlungen aktiv beteiligt. Ihre Schneiderkünste umfaßten ein anderes Repertoire als das ihrer städtischen Schneiderkollegin: den Gesamtbestand einer Tracht mußte sie in Kopf und kleinem Finger haben, mit allem Zubehör von Kopf bis Fuß, dazu das Wissen um die Schicklichkeit der Farben und Einzelteile für Alter und Stand.

Wenn die Konfektion der Trachtenschneiderin auch keine Konkurrenz machte, was fertige Trachtenkleider anbetraf, so gab es doch in allen größeren und kleineren Städten der Trachtenlandschaften Spezialläden für

Trachtenstoffe und Trachtenzubehör. Berühmt war z. B. Berdux in Marburg. Berdux hat alles: die noblen dezenten Farben in Braun, Grün und gebrochenem Blau für die Marburger evangelische Tracht, die sich vielleicht deshalb so lange hält, weil sie sich modisch anzupassen weiß und mehr und mehr einen Kleidcharakter gewinnt –, aber ebenso die kräftigen Farben für die einst streng in Altersklassen geordnete katholische Tracht des Marburger Landkreises. Berdux hat die passenden Schürzen- und Halstuchstoffe in großer Auswahl; Berdux hat fertige Wolltücher und Strickwolle in allen gefragten Farben. Heute kaufen die hessischen Trachtenfrauen solch Zubehör vor allem für die Trachtenpuppen, die überall auf den Dörfern genäht werden, aber auch für die Trachtenkostüme der Enkelinnen in den Volkstanzgruppen.

Doch finden die Aktivitäten dieser Gruppen, die Trachtenaufzüge und Auslandsreisen auf einer anderen Ebene statt. Sie sind Kostümierungen im Trachtenstil, oft zeitlich dem Kleidungsverhalten der agrarischen Gesellschaft so nahe benachbart, daß bei oberflächlichem Hinsehen die Unterscheidung schwerfällt. Aber als Tracht im Sinne eines sozialen zeichenhaften Zusammenhanges kann man sie nicht bezeichnen.

Nach einer von Rudolf Helm im Jahre 1930 durchgeführten Zählung ergab sich für das damalige Hessen das Bild einer reichgefächerten Trachtenlandschaft mit vielen z. T. geschlossenen Trachtengebieten wie Schwalm und Hinterland, Schlitz und Hüttenberg, evangelische und katholische Marburger Trachten, so daß eine einstige Gesamtverbindung zu vermuten ist. Zwar haben diese Trachten kein einheitliches Alter, sondern wurden von verschiedenen Phasen oberschichtlicher Modeformen beeinflußt. Älteren Trachten wie denen des Hinterlandes und der Schwalm weist Helm ein ehemals größeres Verbreitungsgebiet zu.

Justi und auch Helm sahen in einander ähnelnden Trachtenstücken – wie z. B. den Hauben der Hinterländer Ämtertrachten und der ›Ketzekapp‹ der Schwälmer Abendmahlstracht – den Nachweis eines gleichzeitigen Aufkommens ländlicher Kleidungsart in verschiedenen Regionen. Doch nur wenige Einzelteile einer einstmals bestehenden Modeform wurden bis in die Gegenwart beibehalten, denn ›Tracht‹ ist eben nicht die starre Kleidungssitte, für die sie oft gehalten wird. Der Umfang des Wandels und die Verbreitung neuer Formen wurden oft durch die territorialen Grenzen bestimmt; neu gebildete Herrschaften und ein verstärkter Einfluß von bestehenden bewirkten auch räumliche Isolierungen. Das ehemals noch weitgehend gleichförmige optische Erscheinungsbild von Trachten derselben Epoche differenzierte sich; es entstanden Regionaltrachten, die zunächst die Eigenständigkeit des politischen Raumes nach außen demonstrierten; dann aber verhielt sich über seine Auflösung hinaus die Bevölkerung in ihrer Kleidung starr. Verändernd griffen erst wieder Kleidungsinnovationen in diese Trachtenvielfalt ein.

Mit der Teilung Hessens 1649 wurden die alten, wahrscheinlich im 16. Jahrhundert entstandenen oberhessischen Trachten ihres territorialen Zusammenhangs beraubt. Die Bindung an politische Grenzen entfiel, was im 17. und 18. Jahrhundert neue Modeformen zum Aufblühen brachte wie die farbenfreudige Marburger Tracht. Die älteren Kleidungsformen Oberhessens fanden sich in Randgebiete zurückgedrängt, wo sie z. T. in kleineren Territorien oder Enklaven wiederum zu eigenen Teiltrachten entwickelt wurden. Auch die Schwälmer Tracht z. B. behielt nur wenige altertümliche Teile der Kirchenkleidung bei wie die ›Ketzekapp‹ und das Trauermäntelchen und wandelte sich unter dem Einfluß der Rokokomode zu einer für Hessen typischen Bauerntracht. – Im Westen verbreitete sich schnell die Marburger Tracht, und ältere Kleidungsstile wurden auf darmhessischen Boden zurückgedrängt. Dort entwickelte die Bevölkerung der kleinräumlichen Territorien eigenartige Regionaltrachten, die jedoch in der Mehrzahl schon bald zugunsten städtischer Moden aufgegeben wurden. Nur im hessischen Hinterland hielten sich solche älteren Trachten länger aufgrund der herrschaftlichen Verhältnisse; mit dem Übergang an Preußen 1866 wurde aber auch hier die Marburger Tracht übernommen.

Erst als mit dem Aufkommen der Industrialisierung Tracht mehr und mehr zur Kleidung der ländlichen Bevölkerung wurde, bildeten sich jene Kleidungsstile heraus, die als ›Hessische Trachten‹ bis weit ins 20. Jahrhundert hinein bekannt geblieben sind. So entfalteten die Bewohner des Marburger Raumes, der Schwalm, des Hüttenbergs und der Wetterau über ein Jahrhundert hinweg ihren Kleiderreichtum in einer Farbenpracht, der – wenn auch in ständigem Wandel – Hessen bis in die jüngste Gegenwart zu einer der berühmtesten Trachtenlandschaften Deutschlands gemacht hat. Das hängt selbstverständlich mit den wirtschaftlichen Verhältnissen zusammen.

Die von Helm dokumentierte Verbreitung zeigt Hessen noch zwischen den beiden Weltkriegen als ein vorwiegend ländliches und wenig industrielles Gebiet mit entsprechend bewahrten dörflichen Kleidungssitten.

In der Alltagskleidung zeigte sich noch am ehesten der einstige trachtliche Zusammenhang. Hier erkannte man die Abhängigkeit von der Bürgermode des Rokoko, die allen hessischen Trachten gemeinsam war und die sich sonst gerne unter allem möglichen festlichen Zubehör verbarg.

Die Kleidung der Frankfurter oder Marburger Stadtfrau aus dem 18. Jahrhundert war das Vorbild für die ländliche Trachtgestaltung, und ihre Stilelemente blieben weitgehend erhalten – wenn auch umgesetzt in eine andere soziale Zone. Das drückte sich besonders in der Wahl der Stoffe und der Umformung der Gesamtsilhouette aus, die aber doch die Erinnerung an ihre kostümgeschichtliche Herkunft aus dem Rokoko bewahrt hat.

Die Trachtenforschung hat sich bislang nur wenig mit der Arbeitskleidung befaßt – wie überhaupt die Kategorie der Arbeit in den volkskundlichen Untersuchungen neben den farbig pittoresken Themen von Fest und Feier häufig zu kurz kam. Dabei sind diese nicht weniger aussagekräftig als diejenigen der feierlichen Kleidung.

Es ist darum besonders begrüßenswert, daß in der Fotodokumentation von Margarethe Dieffenbach gerade die Alltags- und Arbeitstrachten so reich vertreten sind.

Im historischen Sinne wie auch im sozialen sprechen neben der Alltagskleidung in Sonderheit die Trauertrachten eine beredte Sprache und beweisen ihrerseits den einstigen umfassenden überregionalen Trachtenzusammenhang. Zu den ältesten Elementen der Trauerkleidung gehört die Hoike (arabisches Lehnwort für einen mantelartigen Kopfüberwurf aus feiner Wolle). Seit dem 14. Jahrhundert ist sie wohl über die Niederlande nach Westfalen und Hessen gekommen und hat sich hier als Begräbnistracht, als Trauermäntelchen erhalten. Zahlreiche Darstellungen auf Grabsteinen bezeugen das hohe Alter dieses rituellen Kleidungsstückes.

Am auffallendsten unterscheiden sich die Frauentrachten an der Art und Weise, wie man sich am Kopfe trägt, wie man sich frisiert, das Kopftuch bindet, die Haube aufsetzt. Die Fülle hessischer Haubenformen war einst kaum übersehbar, ist aber auch am ehesten einem ständig fortschreitenden Schwundprozeß zum Opfer gefallen. So unterscheiden sich katholische und evangelische Marburger Tracht grundsätzlich in der Frisur: Die Mädchen und Frauen der 19 katholischen Dörfer rund um die Amöneburg flochten zwei Zöpfe, die sie wie eine Gretchenfrisur rund um den Kopf steckten. Ganz anders der Kopf der evangelischen Marburger Tracht, für die der hoch aufgesteckte Zopf das Typische war. Und wenn die eigenen Haare nicht mehr reichen wollten, so besorgte sich die Trachtenfrau einen Zusatzzopf, den die Marburger Friseure seit eh und je für diese Zwecke bereithielten und für die Älteren auch heute noch halten, denn der hochstehende Schnatz gehört für die evangelische Marburger Tracht zum richtigen Angezogensein. Darüber kam das gestickte »Stülpchen«, über das man zu Feiertagen noch den »Schleier« setzte oder die weiße gestärkte Abendmahlshaube.

Arolsen
Kassel
Eschw
Melsungen
Biedenkopf
Marburg
Ziegenhain
Hersfeld
Dillenburg
Lauterbach
Gießen
Wetzlar
Fulda
Montabaur
Friedberg
Büdingen
Schlüchtern
Wiesbaden
Frankfurt
Hanau
Mainz
Dieburg
Darmstadt
I
II
IV
V
VI
VII
VIII
IX
X
XI
XII
XIII
XIV
XV

Haubenformen der Frauentrachten hessischer Landschaften um 1930

I. Waldecker Haube
II. Niederhessische Spitzbetzel
III. Ringgau–Betzel
IV. Hubbel der Hersfelder Tracht
V. Schwälmer Betzel
VI. Haube der
Katholischen Marburger Tracht
VII. Dellmutsche
des alten Amtes Biedenkopf
VIII. Haube der
Evangelischen Marburger Tracht
IX. Westerwälder Haube
X. Haube der Hüttenberger Tracht
XI. Haube der Wetterauer Tracht
XII. Schlitzer Haube
XIII. Odenwälder Karnette
XIV. Waldmichelbacher Haube
XV. Odenwälder Bandhaube

Die Trachtenlandschaften Hessens

Die Marburger Trachten
Die Trachten des Hinterlandes
Die Tracht der Schwalm
Die Trachten in Niederhessen
Die Schlitzer Tracht
Die Odenwälder Trachten
Die Tracht der Wetterau
Die Hüttenberger Tracht

Hier beginnt eine kurze systematische Darstellung der hessischen Trachtenvielfalt, wie sie sich seit dem 19. Jahrhundert bis zur Zeit der hier vorgestellten Trachtenaufnahmen entwickelt hat. Das bedeutet eine letzte Spiegelung einstiger Fülle. Wenn im folgenden die zu dieser Zeit noch getragenen Trachten beschrieben werden, so steht das Wissen dahinter, daß schon damals zahlreiche andere vergangen waren. Ihr Erscheinungsbild ist kaum mehr zu rekonstruieren, denn die ältere Trachtenliteratur zeigt in ihrer Anlage meist ein unvollkommenes und in ihrer Aussage ein unzuverlässiges Bild. Das gilt z. B. für die Beschreibungen Hottenroths.

Als Ferdinand Justi zu Ende des 19. Jahrhunderts sein großes Werk über die oberhessischen Trachten begann, waren einige hessische Landschaften bereits trachtenlos. So ist es ihm zu verdanken, daß wenigstens die Trachten Oberhessens der Jahrhundertwende detailliert beschrieben und in präzisen Aquarellen festgehalten wurden. Margarethe Dieffenbach hat ein Menschenalter später diesen Dokumentationsprozeß mit ihrer Kamera wiederholt und darüber hinaus die Lebenswirklichkeit der Trachtenträger festgehalten, was der Maler Justi nur genrehaft andeuten konnte.

Die Marburger Trachten

Die kleidsame Tracht der evangelischen Dörfer rund um Marburg wird im allgemeinen schlechthin als »Hessentracht« bezeichnet. Vermutlich stammt sie aus dem Ebsdorfer Grund, einer bäuerlich geprägten fruchtbaren Talaue, und verbreitete sich von da aus schon zu Ende des 18. Jahrhunderts im oberhessischen Raum. Früh erfolgte bereits eine konfessionelle Differenzierung: Während in den evangelischen Dörfern der Marburger Landschaft stadtmodische Einflüsse das Erscheinungsbild der Tracht ständig wandelten, behielten die katholischen Dörfer der Mainzer Enklave im Amöneburger Becken östlich Marburgs die buntere und fülligere Tracht des beginnenden 19. Jahrhunderts weitgehend bei.

In Farbgebung, Stoffwahl und Zuschnitt orientierte sich die *Marburger evangelische Tracht* ganz an den modischen Vorbildern des Rokoko. Geschmack und ausgeprägtes Selbstbewußtsein bestimmten schon Gestik und Anzug der kleinen Mädchen, die früh in das Zeichengefüge der Tracht eingewiesen wurden. Sie trugen bereits ein am Leibchen befestigtes

Hüftpolster, das ihrer Figur weibliche Formen verlieh. Die Frauen banden darüber Unter- und Oberröcke, und auch das unterstützte schon die Art zu gehen und den Anblick ausladender Fülle. Schwenkende Röcke gehörten ebenso zur dörflichen Ästhetik wie die Beine in reich bestickten wollenen Zwickelstrümpfen unterschiedlicher Farbe, deren Wirkung vollendet wurde durch weitausgeschnittene samtene ›Kommodschuhe‹; sie verliehen der Trägerin einen zierlichen Schritt.

Im Schwung der Röcke bewegte sich die prächtig bestickte bunte ›Guimpe‹ (eigentlich franz. = Schleiertuch, dann übertragen: nur noch dessen verzierte Randborte und schließlich: die Borte des Rockes). Um 1900 wurde sie breiter und weiter nach oben gesetzt; nun wurde es Mode, daß man diesen Besatz im Farbton des Rockes wählte, aber aus Seide, bei älteren Frauen in Schwarz. Es kamen aber auch dörfliche soziale Zeichensetzungen auf, was die Breite dieser Seidenbesätze anbetraf. Die Farbgebungen wurden im Ganzen immer dezenter, und man achtete darauf, einen kleidmäßigen »Anzug« zu haben, bei dem Jacke, Rock, Schürze und Halstuch farblich aufeinander abgestimmt waren.

Die bunten Schürzenbänder hatte man vor 1900 noch vorn gebunden und über die Schürze herabfallen lassen. Aber dann fielen diese auffälligen bäurischen Bänder allmählich fort, gleichzeitig mit einem Kürzerwerden der Tracht, was übrigens ihren langsamen Rückgang im 20. Jahrhundert einleitete.

Sichtbarstes Zeichen für den dörflichen Charakter dieser Kleidung war die Haube, das ›Stülpchen‹, das aber für die Werktagstracht schon seit Beginn des Jahrhunderts langsam abgekommen ist (Ebert, S. 72ff.). Das Ablegen dieses wichtigen und kennzeichnenden Trachtenteils, des Kopfputzes, signalisiert i. a. das Aufgeben des Trachtentragens insgesamt. Nach dem 2. Weltkrieg kamen dann die Stülpchen endgültig ab, weil sie – wie die Frauen sagten – beim Einsteigen ins Auto störten, und der Wagen gehörte doch bald auf den Dörfern zum Prestigezeichen und war wichtiger als eine vollständige Tracht.

Wie überall, so waren auch für die Marburger Trachten die Kopfbedekkungen von besonderer Bedeutung gewesen. Neben dem ›Schleier‹, einer großen Überhaube mit im Nacken herabfallenden Bändern, und der weißen gestärkten Stirnkappe zu Abendmahl, Hochzeit und tiefer Trauer trugen die Frauen der evangelischen Dörfer alltags und sonntags das Häubchen, ›Kapp‹ oder ›Betzel‹ genannt. Es war zweiteilig, und – nach Orten verschieden – wurde es mehr auf den Hinterkopf oder die Stirne gesetzt, bedeckte aber immer den vorderen Teil des ›Schnatzes‹, d. h. die beiden zusammengelegten und aufgesteckten Zöpfe, und auf diese Frisur war die Trägerin besonders stolz. Zu Freud- und Festtagen wählte man reich bestickte Häubchen, die in ihrem oberen Teil meist die entsprechenden Farben des Kirchenjahres aufwiesen. Bei der älteren Haubenform vor 1900 war der untere Teil mit Seidenband besetzt in den altersspezifischen Farben der Trägerin: für die jungen Mädchen rot, für die jungverheirateten Frauen grün und bei den älteren Frauen schwarz, wie es nach 1900 allgemein üblich wurde. Zur Trauer durfte die Haube nicht glänzen; ein stumpfes Schwarz gab ihr einen matten Ton. Zwei lange Moiree-Seidenbänder, zur Festtracht ›gewässert‹, die man ›Rosen- oder Seidenäppelbänder‹ nannte, fielen lose verschlungen im Nacken herab oder wurden unter dem Kinn zur Schleife gebunden. Hier deckten sie das Tuch, das den bandbesetzten Ausschnitt der Jacke füllte.

Über der Haube trug man zur tiefen Trauer die weiße Stirnkappe ohne jegliche Stickerei, während zur Hochzeit und zum Abendmahl reich bestickte Stirnkappen üblich waren. Über die Haube schlug die Trauernde das schwarze plissierte Trauermäntelchen, hielt es mit den Händen vor dem Gesicht zusammen und schloß sich so von der Außenwelt ab. Zur Trauer waren auch alle übrigen Trachtenteile in tiefem Schwarz gehalten und der Bandbesatz am Jackenausschnitt, die ›Frisur‹, nur einfach vernäht. Nun vermied man alles fröhlich und üppig wirkende Zubehör, denn sonst trieb man gerade mit diesem Besatz einen gewissen Aufwand, er war in zahllose feine Falten ›gezogen‹ oder ›geknippt‹ und oft auch reich bestickt.

Die Marburger evangelische Tracht, die sich vermutlich aufgrund ihrer verhältnismäßig jungen Entstehung an keinerlei politische oder geographische Grenzen binden läßt, hat unter den hessischen Regionaltrachten die größte Verbreitung gefunden. Noch 1930/31 trugen nach der Helmschen Umfrage 10 780 Frauen Marburger Tracht – 1976 waren es noch 2629.

Auch die Männertracht hat sich gegenüber anderen Trachtenlandschaften relativ lange erhalten, bis zum Anfang des 20. Jahrhunderts. Ihr wichtigster Bestandteil war der blaue Kittel, an Achsel und Halsbund weiß und schwarz bestickt. Um die Mitte des 19. Jahrhunderts waren die Männer vom weißen grobleinenen Kittel zu diesem blaugefärbten Kleidungsstück übergegangen. Später trug man dazu eine baumwollene, blau auf weißem Grund gewebte ›Glockenkappe‹, eine Art Zipfelmütze. Sonntags und zu kirchlichen Feiertagen legten die Männer den schwarzen, weißgefütterten Schoßrock an, dazu Kniehosen und Schnallenschuhe, und wenn sie nun noch den Dreimaster aufsetzten, glich ihre Kleidungssilhouette ganz der Rokokomode.

Während die evangelischen Trachtenfrauen allmählich zu immer dezenteren Farben für ihre Röcke und Jacken übergingen, verblieben die Trägerinnen der sogenannten *katholischen Tracht* bei ihrer alten bäuerlichen Farbenpracht. Die 19 katholischen Dörfer im alten Amt Amöneburg und in den Gerichten Neustadt und Katzenberg waren die Orte dieser besonderen katholischen Teilkultur. Nach der Verlagerung des kirchlichen Zentrums von Mainz nach Fulda 1821 erfolgte eine Neuorientierung. Von einem ehemals einheitlichen Gebiet bäuerlicher Kleidungsweise spalteten sich die katholischen Dörfer ab und nahmen Farben und Formen auf aus dem neuen Hoheitsgebiet Fulda. Am deutlichsten zeigte sich der neue Einfluß im Aufgeben der Haube, einer flachen Betzel mit großem, perlen- und metallplättchenbesticktem Boden und breiten Bändern. Die Betzelbänder, nach den Altersstufen rot, grün, blau oder schwarz, hingen in einer kurzen, an den Enden bestickten Schleife im Nacken herab. Festgehalten wurde sie mit schwarzen Kinnbändern. Dieses ausgeformte Kleidungsstück wich zu Ende des 19. Jahrhunderts dem Kopftuch und einer neuen Frisur, die bezeichnend für die katholische Tracht werden sollte: einer Gretchenfrisur mit kreisrund um den Kopf gelegten Zöpfen.

Unter der Jacke, dem ›Motzen‹, schaute das gestrickte Halstuch mit seinen langen bunten Enden hervor und hing hinten über die Falten des schweren Rockes herab. Der Motzen war meist ebenfalls gestrickt und mit einer Borte aus bunter Wollstickerei in Kreuzstich- oder Plattstichmanier abgesetzt. Außerdem waren aber auch Stoff-, Plüsch- oder Atlasmotzen in Mode, besonders für die Festtracht. Die ›Frisur‹ der Motzen war runder und höher angesetzt als bei der evangelischen Tracht, die in ihrem Schnitt das Rokoko-Dekolleté bewahrt hatte. Aber gerade diese rundausgeschnittenen Motzen galten bei den Evangelischen als »altmodisch« und »unmodern«. Im ganzen leuchtete die katholische Tracht von Farben in den verschiedensten dörflichen Bedeutungen, und nur das Schwarz der Trauer löste diese Pracht für einige Zeit ab. Rot, Grün, Blau und Veilchenblau waren die Hauptfarben der Motzen, die am unteren Saum der Röcke und Schürzen in ein oder zwei ›Guimpen‹ wiederkehrte. Die Zwickelstrümpfe waren blau oder schwarz mit eingestickten weißen Mustern, wie überhaupt die ganze weibliche Tracht einen außerordentlichen Strickfleiß der Frauen verriet, die abendlich in Strickstuben zusammenkamen. Auch hier trug man ›Kommodschuhe‹ aus Samt, besticktem Stramin oder Leder.

Die Braut hatte am Hochzeitstage ein schwarzes Tuchleibchen an und über einem roten Biberrock und zwei Beiderwandröcken einen schwarzen Tuchrock. Davon hob sich die reiche weiße Stickerei auf der schwarzen Atlasschürze eindrucksvoll ab. Erstmals hatte 1840 ein Mardorfer Pfarrer nach Fuldaer Vorbild eine Brautkrone angeregt, das ›Uffgesetz‹, ein hoher flittergeschmückter Aufbau. Über dem offenen Haar fielen neun bis elf seidene Bänder, die ›Quästen‹, in den Nacken, und auch um die Arme wurden Moiré-Seidenbänder geschlungen. Hier konnten auch soziale Unterschiede, die in der Alltagstracht kaum sichtbar wurden, am ehesten demonstriert werden. In der Zahl der Rockfalten, ja in der Stoffülle überhaupt, in der Qualität des seidenen Bandschmuckes und im Aufwand der Brautkrone kamen Standesbewußtsein und Vermögen zum Ausdruck. Und wenn auch der große Anteil an selbstgestrickten Trachtenstücken einen hohen persönlichen Bezug zur Tracht verrät, wenn auch ein erheblicher Teil der Kleidungs-Zeichensprache hier aus kirchlicher Symbolik stammte, so fand doch auch die soziale Gliederung der Dörfer ihren Platz in den Ausdrucksmöglichkeiten der Tracht.

Am längsten hielt sich wohl die Festtracht der Kommunikantinnen mit biedermeierlicher Zöpfchenfrisur, dickem Blumenkranz und weißen gehäkelten Halbhandschuhen.

Die Trachten des Hinterlandes

Am Oberlauf der Lahn, in einer orographisch stark gegliederten Landschaft, dem ehemaligen hessischen Hinterland, hatte sich ein Trachtengebiet erhalten, das noch zahlreiche ältere Kleidungsformen aufwies. Zusätzlich zu den geographischen Bedingungen führten auch die politischen Verhältnisse, die Teilung Oberhessens 1649 und der Anschluß an die Landgrafschaft Hessen-Darmstadt, zu einer kulturellen Isolation; dann verstärkten weiterhin gerichtsherrschaftliche Grenzen eine innere Gliederung der Enklave. Aufgrund dieser Voraussetzungen bildeten sich unterschiedliche Regionaltrachten heraus, die aber z. T. auch wieder früh verschwanden. So erging es den Trachten der Ämter Battenberg im Norden und Rodheim im Süden, die schon im 19. Jahrhundert stadtmodische Elemente aufnahmen. Länger erhalten und darum bekannter blieben die beiden Trachtengruppen des Kreises Biedenkopf. Im Osten konnten sich die sogenannten *Ämtertrachten der alten Ämter Biedenkopf und Blanken-*

stein als die vermutlich älteren Trachtenformen Oberhessens bis zum Ende des 19. Jahrhunderts gegenüber der Marburger Evangelischen Tracht behaupten, der sie aber dann nach der Annektion Kurhessens durch Preußen 1866 allmählich weichen mußten. – Im Westen bestanden zwei Trachtengebiete im Tale der Perf und ihrer Nebenbäche: nördlich die *Tracht des Breidenbacher Grundes* und südlich die *Tracht des Obergerichtes Eisenhausen.*

Die Verbreitung beider Trachten entsprach den territorialen und rechtlichen Grenzen des Raumes. Und auch das Schwinden der Tracht, das Ende des 19. Jahrhunderts einsetzte, folgte bezeichnenderweise den alten Grenzen. Im Anerbengebiet der alten Ämter Biedenkopf und Blankenstein nahm man nach dem Ablegen der Hinterländer Tracht die als modern geltende Marburger Tracht auf, entsprach diese doch dem bäuerlichen Standesbewußtsein der Bewohner. Im Breidenbacher Grund dagegen, einem ausgesprochenen Realteilungsgebiet, behielt man die alte Tracht länger bei, um dann sogleich zu der städtischen Mode überzuwechseln.

Im Amt Blankenstein, dessen Mittelpunkt der Marktflecken Gladenbach war, trugen die Frauen die ›Schneppekappentracht‹. Die Beschreibung Dullers charakterisiert ungeachtet ihrer idyllisierenden Ausschmückung gut die zu dieser Zeit lebendige Blankensteiner Tracht. Der Bericht wurde 1844 verfaßt anläßlich der Enthüllung des Ludwigs-Monumentes in Darmstadt, an der Trachtengruppen des ganzen Großherzogtums in einem Festzug teilnahmen:

»Die Krone von allen aber behielten die hübschen Dirnen aus dem Kreise Biedenkopf (ehemaligen Amt Gladenbach); die stachen Allen durch die natürliche, ungesuchte Eleganz der kleidsamsten Tracht am meisten ins Auge; da sah man das Hessenhäubchen so zu sagen in seiner ästhetischsten Ausbildung, die Farbe schwarz, die Form den ganzen Kopf umfassend, so daß sie sich zierlich an die Bildung des Hinterkopfes schloß, mit einem verjüngten Vorsprung über die Stirn herabtrat und über dem Scheitel eine artige natürliche Krone bildete, statt der langen Bandschleifen quollen unter diesem Häubchen hinten die schönen dichten Zöpfe hervor, den Nacken hinab, und die langen Bänder vorn wurden nicht knapp unter dem Kinn geknüpft, sondern entweder freigelassen, oder über der Brust lose ineinander geschlungen; ein hellfärbiges Tuch legte sich in weiten Falten um den von einer Kette umschlossenen Hals, ein schöngeschwungenes ärmelloses, vorne offenes Leibchen um den Oberleib, da quoll nun zu beiden Seiten der blendend weiße, von bunter Saumspange gefaßte

Hemdärmel bis nahe an den halben Unterarm vor, ein buntes, reichgeschmücktes Bruststück bedeckte den von jenem Leibchen offengelassenen Raum, und kreuzweise Schnüre umspannen unter dem Busen das bezeichnete Bruststück; ein bunter, in schöner Wellenlinie um die Hüften gelegter Gürtel schlang sich über den in zahlreichen Falten gelegten wenig bis über die Knie reichenden und vorn mit einer etwas helleren Schürze verzierten Rock, blendendweiße Strümpfe und zierliche schwarze Schuhe mit hohen Absätzen vollendeten den reizenden Anzug, welcher ebenso sehr der vollkommensten Naivität entsprach, als er in Beziehung auf Anstand für ein Auge, welches in der Schönheit den Anstand und im Anstand die Schönheit nicht vermissen will, nichts zu wünschen übrig ließ.« (Duller, S. 340f.)

Die Tracht des alten Amtes Biedenkopf, nach der Haubenform ›Dellmutschentracht‹ genannt, unterschied sich nur wenig von der Blankensteiner Tracht. Trug man dort einen trapezförmigen Bruststecker, so bei den Biedenkopfern einen rechteckigen. Das wichtigste Unterscheidungsmerkmal waren die Haubenformen. Obschon auch hier im Schnitt weitgehende Ähnlichkeiten herrschten, fehlte bei der ›Dellmutsche‹ das Stärken des vorderen Teils, wie es bei der ›Schneppekapp‹ üblich war. Nur deshalb konnte die helmartige Auswuchtung der Haube in die Höhe gedrückt werden, wodurch sich in der Mitte eine tiefe Falte, eine ›Delle‹ bildete. – Wie die ›Schneppekappe‹ oder ›Schniepekappe‹ war auch die ›Dellmutsche‹ von schwarzem Tuch, mit schwarzer Spitze reich besetzt. Über den Rücken trugen die Frauen wie in der Blankensteiner Tracht zwei lange Zöpfe. Der Anzug, Rock und Mieder aneinandergenäht, war von schwarzer Beiderwand, das Mieder mit einer silbernen Schnur genestelt. Sommers trugen die Frauen weiße, zum Abendmahl schwarze Glockenärmel, unter denen am Ellenbogen farbig geblümte Wamsärmel hervorschauten. Unter dem schweren, eng-gefältelten Rock sah man die ›Hessebännel‹, farbige Strumpfbänder, die die weißen Wollstrümpfe festhielten, ein Standeszeichen. Schwere Schnürstiefel ließen den Schritt der Hinterländer Bäuerin plump erscheinen, bis sie sie mit den zierlichen ›Kommodschuhen‹ der Marburger evangelischen Tracht vertauschte.

Die Haube der Breidenbacher Frauentracht hieß ›Kiwwelche‹; sie war mit reichen Kreuzstickereien verziert, unter dem Kinn gebunden und bedeckte den gesamten Kopf mit der ›geschnatzten‹ Frisur. Der hintere Teil der Breidenbacher Haube war tellerförmig aufgesetzt und je nach Alter der Trägerin und Anlaß unterschiedlich gefärbt.

Nur durch die Form der Haube setzte sich die Eisenhäuser Tracht von der

Breidenbacher ab. Die Eisenhäuserinnen trugen die ›Mitsche‹, die kegelförmig mit schwarzem Band besetzt auf dem Hinterkopf saß.

Die Breidenbacherinnen hatten keine Glockenärmel, sondern schmale Hemdärmel, die am Handgelenk mit einem bestickten Bündchen geschlossen wurden. Reichgeziert war auch das Halskoller, ein bestickter Stehkragen, den aber dennoch ein geschlungenes Halstuch verbarg. Die Jacke strickten sie aus weißer oder dunkler Wolle oder nähten sie aus buntem Kattun. Sie wurde entweder unter dem ›Büffel‹ getragen, dem aus grobem Wollstoff gefertigten, ganzteiligen Unterkleid, oder zwischen Büffel und Oberrock. Bei festlichen Anlässen schmückte man sich mit einem Bruststecker; sonntags und zum Abendmahl wurden Jacken aus Tuch oder Seide übergezogen. Mieder und Rock waren wie in den Ämtertrachten zusammengenäht, die Röcke in zahlreiche ›geknifften‹ Falten gelegt, was wegen der Schwere der Stoffe vom Schneider gemacht wurde. Unter den knielangen Röcken lugten auch hier die Strumpfbänder in bunten Farben hervor.

Wie Koller und Ärmelbündchen waren auch die nach Anlaß verschiedenfarbigen Schürzen dicht bestickt. Darin hatten die Frauen, die tagsüber in der kargen Landwirtschaft beschäftigt waren, eine besondere Kunst entwikkelt, die heute als »Hessenstickerei« neu aufgekommen ist und landauf, landab gepflegt wird.

Die Tracht der Schwalm

Inmitten eines weiten Beckens im Norden des Vogelsbergs liegt die alte Festung Ziegenhain, Mittelpunkt einer Landschaft, der ein sie durchziehender Fluß den Namen gab: die Schwalm. Mengsberg, Flörshain, Holzburg begrenzen sie im Westen; Seigertshausen, Asterode und Schrecksbach schließen das ehemals etwa 30 Dörfer umfassende Trachtengebiet nach Osten hin ab. Hier erhebt sich der Knüll, ein Mittelgebirge, das noch im 19. Jahrhundert ein eigenes Trachtengebiet war. Die *Hubbeltracht,* so benannt nach der eigenartigen, mit einer langen Schniepe versehenen Haube, wurde jedoch wie die meisten Trachten der ärmeren Landstriche früh abgelegt.

Nicht so die *Schwälmer Tracht.* Die Schwälmer entwickelten ihre Kleidung in großer bäuerlicher Vielfalt durch das ganze 19. Jahrhundert hindurch bis in die Zeit der hier vorgestellten Fotokampagne. Um 1900 trugen 4546 Schwälmerinnen Tracht, um 1930 noch 4246 (Helm; 1932, S. 2-9); 1976 ergab dann eine Umfrage noch eine letzte Gruppe von 984 Trachtenträgerinnen.

Das reiche Trachtenbild dieser Landschaft mit ihrem sich ständig verändernden Aussehen hat eine bildliche Dokumentation besonderer Art erfahren: die Schwälmer Dörfer und ihre Bewohner waren das ganze 19. und halbe 20. Jahrhundert hindurch Gegenstand einer sehr aktiven künstlerisch-dokumentarischen Tätigkeit durch den sog. Willingshäuser Künstlerkreis. Eine nicht abreißende Kette mehr oder weniger bedeutender Maler hat Jahrzehnt um Jahrzehnt, vornehmlich vom Zentrum Willingshausen aus, »Land und Leute« in Zeichnungen, Stichen und Gemälden festgehalten. Die Reihe beginnt mit dem Livländer

Gerhardt von Reutern (1794-1865), einem Schwiegersohn des dort ansässigen Gutsbesitzers Fritz von Schwertzell;

es folgen:

Ludwig Emil Grimm (1790-1863), der jüngste der berühmten Brüder;
Jakob F. Diehlmann (1809-1885);
Jakob Becker (1810-1872);
Ludwig Knaus (1829-1910);
Wilhelm Claudius (1854-1942);
Adolf Lins (1856-1927);
Carl Bantzer (1857-1941);
Heinrich Otto (1858-1923);
Emil Zimmermann (1858-1898);
Hans R. von Volkmann (1860-1927);
Heinrich Giebel (1865-1951);
Wilhelm Thielmann (1868-1924);
Hermann Kätelhöhn (1884-1940).

Dazu ist Otto Ubbelohde (1867-1927) zu nennen, der durch zahlreiche Trachtenzeichnungen das Bild in Hessen von etwa 1900-1920 überliefert hat. In seinen berühmten Illustrationen der Grimmschen Märchen (1922) stellt er die einfachen Leute stets in Hessentracht vor, besonders gern in der der Schwälmer, und verschaffte damit gerade dieser Trachtenlandschaft einen weitreichenden Bekanntheitsgrad.

Im Gegensatz zu den meisten anderen hessischen Trachtengebieten beschränkten sich die Schwälmer im textilen Bereich bis ins 20. Jahrhundert weitgehend auf die selbst erzeugten Materialien. Die Beiderwand, gedämpft und gewalkt einer der wichtigsten Stoffe für die Schwälmer Tracht, wurde aus leinener Kette und wollenem Schuß gewebt. Schafzucht und Leinanbau, zwei typische Betriebszweige der Schwälmer Landwirtschaft, dienten also zur Erzeugung des Rohmaterials, und daß in der

Schwalm gerade hierfür die Voraussetzungen günstig lagen, mag auch zur reichen Entfaltung der Tracht beigetragen haben. Vor allem führte diese direkte Verbindung von landwirtschaftlicher Eigenproduktion und trachtlichem Erscheinungsbild zu übertriebenen Kleidungsformen, die Reichtum demonstrierten. An den Bauernhäusern legte man weniger Wert auf solche Zeichen; sie waren also mehr personen- als hofbezogen und sollten vor allem die Mädchen und Frauen ihrem Herkommen entsprechend auszeichnen.

An der Entwicklung der Schwälmer Frauentracht sind auch gerade diese materiellen Hintergründe deutlich abzulesen: Um 1830 waren die Röcke etwa dreiviertellang; dazu trugen Mädchen und Frauen Hemd und geschnürtes Mieder, auf dem Kopf eine flache, unter dem Kinn gebundene Kappe. Bald wurde die Schnürung durch das sog. ›Kneppding‹, das geknöpfte Leibchen, ersetzt. Es hieß so, weil es von 19 rot oder grün benähten Knöpfen umrahmt war, angeordnet in der Form eines Herzens. Im letzten Drittel des 19. Jahrhunderts beschrieb Kretschmer dieses kleine Bekleidungsstück ausführlich: »Den Oberkörper deckt ein hohes Leibchen von Wolle oder Sammet in schwarzer Farbe; auf der rechten Seite der Brust wird es durch eine Reihe bunter, verzierter Knöpfe, welche sich vom Gürtel aus im Bogen nach der Höhe ziehen, geschlossen. Ein roter Vorstoß, der das aufgenähte gemusterte Sammetband begrenzt, auf welchem die Knöpfe stehen, bezeichnet die Seite, wo das Mieder zugeknöpft wird. Die Reihe Knöpfe entgegengesetzter Richtung, durch einen schwarzen Vorstoß bezeichnet, sind nur der Symmetrie wegen da. Die Knopflöcher sind farbig.« (Kretschmer, S. 68)

Die Röcke – und das ist das Auffallende an der Schwälmer Tracht – wurden seit etwa 1850 immer kürzer, ließen um 1900 die Waden frei und bedeckten gerade die Knie, als die Stadtmode fußlang vorschrieb und Frauenbeine unsichtbar waren. Das Leinenhemd stand eine Handbreit unter dem untersten Rock hervor, darüber kam um die Taille ein ›Büffel‹ (Hüftpolster), und dann folgten drei bis zehn dunkelblaue festgebundene Beiderwandröcke, manche auch aus schwarzem Tuch, und endlich der geglänzte Oberrock. Die Röcke waren nummeriert, denn der unterste mußte am kürzesten sein, der vorletzte am längsten und mit Bändern ausgenäht (›geschlängt‹), um fingerbreit unter dem Oberrock hervorzusehen. Über die Röcke kamen die Schürzen aus weißem, blauem oder schwarzem Leinen.

Es wird bei dieser Beschreibung leicht verständlich, daß die schweren

Röcke so kurz wie möglich gehalten wurden, um ihre Schwere überhaupt ertragen zu können. Während man in der städtischen Mode reformerisch um eine Verlagerung des Kleidungsgewichtes auf die Schultern bemüht war, schnürten die Schwälmerinnen ihre dicken Röcke dutzendweise um die Taille, was oft zu ernsten Krankheiten führte. Aber sie erreichten damit eine Kleidungssilhouette, die ihrer bäuerlichen Prunk- und Repräsentationssucht voll entsprach. Im Sinne der Dorfmode galt es als schick, wenn die Röcke von den Hüften breit abstanden, wenn sie beim Gehen wippten, – und das wiederum geschah um so wirkungsvoller, je mehr übereinander gebunden waren.

Die Röcke wurden also immer zahlreicher und kürzer, der Oberrock ließ die benähten Säume der darunter getragenen – und auch die eingestickten Zahlen – hervorschauen als wichtiges Zeichen der Wohlhabenheit. Je umfangreicher die Fülle der Röcke wurde, desto mehr verkleinerte sich die Betzel, eine zunächst recht breite Haube, die den ganzen Kopf bedeckte. Sie schrumpfte so stark, daß der aufgedrehte Schnatz schließlich nur mit Mühe unter die Betzel gezwängt werden konnte.

Was bewirkte diese eigenartige Trachtenentwicklung? Äußerlich mag die Kürze der Röcke, wie schon gesagt, durch ihre Schwere bedingt worden sein; bei größerer Länge wären sie nicht tragbar gewesen. Das Zeigen der mit dickgestrickten weißen Strümpfen bekleideten Beine hing also wohl kaum mit einer beabsichtigten erotischen Reizwirkung zusammen, sondern einfach damit, den Besitz so zahlreicher Röcke zu demonstrieren. Was ist der Grund für ein so ausgeprägtes eindeutiges Zeichen?

Die Schwälmer vererbten Hof und Grund in der Regel nach dem Anerbenrecht, während sonst in Hessen häufig die Realteilungssitte üblich war, d. h. der Grund unter alle Kinder gleichmäßig aufgeteilt und der Feldbesitz dadurch immer kleiner wurde. In der Schwalm aber erbte zumeist der älteste Sohn und mußte dann freilich seine Geschwister auszahlen. Dennoch blieb das Gut in einer Hand und die Besitzhierarchie des Dorfes stabil. Das bedeutete aber auch, daß sich die dörflichen Heiratsstrategien nach dem Besitzstand richteten und die Kinder von klein auf dazu erzogen wurden, die Zeichen des Besitzes zu kennen und zu erkennen. Der bäuerliche Wertmaßstab, an dem alles gemessen wird, ist die Quantität der Dinge: Feld und Vieh, Feld- und Viehprodukte. Ja, es gibt wohl kaum einen vorindustriellen Beruf, bei dem die Quantität mit der Qualität so identisch ist, wie der des Bauern. Diesem Denken entsprach in der Schwalm auch die Zahl der Röcke bei der Sonntagstracht der Mädchen, also das kulturelle Symbol. Das reichste Mädchen von Schrecksbach trug 16 Röcke (Spamer, S. 65). Das waren sichtbare und zählbare Signale für einen jungen Bauern auf Brautschau. Kein Wunder, wenn diesen Vorzeichen für einen behäbigen Lebensablauf so viel Beachtung geschenkt wurde. Deutlicher kann ein Signal innerhalb eines Kommunikationssystems kaum funktionieren.

Gerade in der Ausstattung der Braut wurden die Zeichen der Gegenstände offenbar, die sozialen Unterschiede deutlich. 1972 konnte in einer Marburger Ausstellung »Arm und Reich – Schwälmer Brautausstattung um 1930« auf solche Fragen eingegangen werden. Es ergab sich nach längeren Befragungen ein schichtenspezifischer Unterschied in der textilen Brautausstattung.

Wenn man das erfragte Antwortenmaterial in eine untere und eine obere Gruppe ordnet, so besaßen bei der Heirat:

	eine arme Braut	*eine reiche Braut bis zu*
an Leinen:		
Bettbezüge	4	40
Bettlaken	4	40
Kissenbezüge	4	80
Handtücher	6	60
Tischtücher	3	20
Bettvorstecktücher	0	6
Paradehandtücher	0	4-8
Federbetten	2	8
Säcke	2	40
Steigen Leinen	2	6
an Möbeln:		
Stühle	2	12
Schränke	1	4
Tische	1	3
Paar Bettstellen	1	3
an Kleidung:		
Hemden	5-6	30-40
Röcke	18	61
Schürzen	3-4	15

Paar Strümpfe	6-8	40
Leibchen	3	10
seidene Kopftücher	0	17
seidene Halstücher	0	30
Hauben	3	15-16
Paar Schuhe	1-2	6-7
Mieder	2	12
Jacken	2	19
Paar Handschuhe	2	12
gestickte Tanzecken	0	2
Paar Strumpfbänder	2	15
Abendmahlshaube	1	4
gestickte Bruststecker	0	2
Brautkrone mit Brett	0	1

Die teueren und luxuriösen Ausstattungsgegenstände wie Paradehandtücher, silber- und goldgestickte Tanzecken, Bruststecker, seidene Halstücher, alles Dinge, die man kaufen oder bei kunstfertigen Stickerinnen bestellen mußte und die bei den reichen Bräuten in unvernünftig großer Zahl vorhanden sind, fehlten bei den ärmeren Bräuten des Dorfes völlig. Das gilt insbesondere für die Brautkrone mit Brett, denn nur eine reiche Bauerntochter ging im eigenen Schappel zur Kirche. »Man ging ja stolz«, erzählt eine Informantin aus der oberen Schicht, »das gehörte sich so!« – 13-14 Röcke schickten sich bei der »stolzen« Brauttracht. »Es war ja Quatsch, so viele Bänder an den unteren Röcken zu haben«, sagt eine andere Gewährsfrau, »man sah sie doch nicht, aber das machten nun mal die reichen Mädchen!« Die ärmeren Mädchen mußten sich das Schappel borgen oder heirateten in Abendmahlstracht und Kappe.

Mit solchen Aussagen versucht man, sich von dem Denken der damaligen Zeit zu distanzieren, liefert aber zugleich einen lebendigen Beleg für dessen einstige Verbindlichkeit. Die strenge Besitzhierarchie des Bauerndorfes älterer Prägung bestimmte nicht nur das Denksystem seiner Bewohner, sondern auch ihr kulturelles Verhalten. »Arm« und »Reich« wurden zu Markierungen der sozialen Struktur und verlangten eine strenge Befolgung der mit ihnen verbundenen äußeren Zeichensprache. So ist die Brautausstattung, wie sie damals »Sitte« war, wohl durch die ökonomische Lage der Heiratenden bedingt, zum anderen aber auch durch den Verhaltenscode des Dorfes vorgeschrieben.

Die Schwälmer Männertracht hat sich im Gegensatz zur Frauentracht im gleichen Zeitraum kaum verändert. Der Zweispitz mit aufgeschlagener Krempe, der die Silhouette der Kirchtracht bestimmte, die lederne Kniehose und der taillierte Leibrock wurden aus den Moden der vorrepublikanischen Epoche übernommen. Ob das – wie in anderen Trachtenlandschaften auch – aus einer mehr konservativen Haltung heraus geschah oder »aus Liebe und Treue zum Kurfürsten über die Revolutionsjahre hinweg« (Metz, 1975, S. 19), sei dahingestellt. Doch wurden auch in der Männertracht bezeichnende Veränderungen vorgenommen.

Eine tragende Rolle spielten dabei die wehrpflichtigen Burschen, die aus ihrer Militärzeit neue Elemente in die Tracht einbrachten. So erhoben sie den Kittel, der eigentlich mehr in den Bereich der Arbeitskleidung gehört hatte, in den Rang einer Fest- und Tanzkleidung, als die Militärfarbenordnung aufgehoben wurde, die bestimmte Farben wie Blau und Rot den Uniformen vorbehalten hatte. Mit gestickten roten Schulter- und Halsstükken versehen und so zum »roten Kittel« befördert, trugen ihn die Burschen stolz wie eine dörfliche Uniform. Auch knappe weißleinene Kniehosen, seitlich mit beinernen Knöpfen geschlossen, waren der Militäruniform entlehnt, verschwanden jedoch bald wieder aus der Dorftracht. – Aus der Stadtmode übernahm man später den runden braunen Filzhut, während die Burschen zu ihrer Festtracht schief aufgesetzt die militärisch anmutende Otterfellmütze trugen.

Der leinene Leibrock wurde in seiner Form allmählich weg vom Vorbild des Justaucorps und hin zu einem losen mantelähnlichen Kleidungsstück geändert. Das Kamisol, der wadenlange dunkelblaue Kirchenrock, erhielt eine immer reichere Stickerei am vorderen Saum, an den Taschen und der Schoßfalte, die die Schwälmer Schneider ausführten. Der alte Abendmahlsrock verlor seine allgemeine Geltung; ihn übernahmen die alten Männer als Kirchenkleidung, den »Schwarzen Rock« aus Tuch mit matten übersponnenen Knöpfen (im Gegensatz zu den blanken Knöpfen des Kamisols). Er war mit weißem Leinen und an den Schoßlitzen mit blauem Wollstoff gefüttert. – Der alte weiße Kittel wurde zuletzt nur noch auf der Kirmes und von den Vorreitern des Brautwagens getragen.

Im ganzen wiesen die Männertrachten weniger soziale Unterschiedsmerkmale auf als die der Frauen. Auch der Knecht trug am Sonntag Kamisol und Zweispitz.

Die männliche Kleiderausstattung für das ganze Leben bestand meist aus zwei bis drei Röcken: den ersten erhielten die Knaben zur Konfirmation, den zweiten die Burschen zur Hochzeit – und darin wurden sie auch ins Grab gelegt. Bei Trauer wurde ein schwarzer Flor an den Dreimaster geheftet, zur Hochzeit die ›Lust‹ aufgesetzt, ein großes Gesteck aus bunten Bändern, Flitter und künstlichen Blumen. Der Filzhut war der Sonntagshut. An bestimmten festgelegten Tagen tauschte man den Kirmesrock mit dem ›Ärmelding‹, einer Jacke, die den roten ›Brustlappen‹ der Burschen, die Weste, besonders eindrucksvoll ergänzte.

Keine andere hessische Tracht wies so viele spezielle Formen für alle nur möglichen Begebnisse des Lebens auf wie die Schwälmer. Da waren die verschiedenen Farben für Alter und Stand –, da waren die zeichenreichen Strickmuster der stets weißen Zwickelstrümpfe –, oder die Form der Schuhschnallen, die Freud' und Trauer anzeigten –, die gestickten Tanzekken an der Schürze, ›arm‹ oder ›reich‹ benäht –, ›Schappel‹ und ›Brett‹ der Braut, auch der Brautmädchen: immer wußte der Kundige, was all die Details in der Sprache der Tracht zu bedeuten hatten. Und auch in der Werktagskleidung gab es Unterschiede und Besonderheiten wie die weißleinene, ausgestaltete Erntetracht.

Am meisten putzten sich die Schwälmer Mädchen heraus: auf dem Schnatz trugen sie die Betzel von roter Seide, der Deckel farbig bestickt. Mit der Hochzeit legten sie die rote Betzel ab und trugen von nun an eine schwarze mit dunkel gesticktem Deckel. Schwarzseidene Bänder hielten die Haube fest und wurden unter dem Kinn zu einer Schleife gebunden, deren Bänder in zwei prächtig verzierten ›Betzelschnüren‹ auf die Brust fielen. Für all die vielen rot-bunten Stickereien hatten die Mädchen bei der ›Nähterschen‹ viel Geld bezahlt oder viel eigene Arbeit daran gewandt; das reichte bis zu den gestickten Strumpfbändern, den ›Platten‹, die zu dem handbreit vorschauenden Leinenhemd einen farbigen Kontrast bildeten.

All das war schön anzusehen, farbenprächtig und pittoresk. Aber es verriet auch etwas von den Zwängen des alten Dorflebens, von den Normen und Sanktionen, aus denen man nicht ausbrechen konnte, und von der Unmöglichkeit einer individuellen Lebensgestaltung.

Die Trachten Niederhessens

Nördlich Treysa, im Gebiet um Homberg an der Efze, Fritzlar, Gudensberg und Melsungen bis hinauf nach Kassel einerseits und in den Dörfern um Rotenburg, Bebra und Sontra bis gegen Eschwege andererseits lagen zwei Trachtenlandschaften: die ehemalige kurhessische Provinz *Niederhessen* und das sogenannte hessisch-thüringische Grenzgebiet mit dem *Ringgau* und *Herleshausen an der Werra.*

Schon in den zwanziger Jahren waren die niederhessischen Trachten langsam im Verschwinden begriffen. Charakteristischerweise machten nur die Hauben eine Ausnahme. Als die Tracht schon lange nicht mehr von allen Frauen getragen wurde, galt die Haube noch als Zeichen der Tracht schlechthin, und erst mit ihrem Aufgeben konnte die Tracht endgültig als erloschen gelten.

In Niederhessen war die ›Spitzbetzel‹ üblich, eine ausgesprochen hohe Haube mit einer aus schwarzem Band gebundenen Nackenschleife, deren Band vorn über den Betzelboden hinausragte. Die Haube nannte man in Wolfershausen und Wehlheiden auch ›Karnette‹. Ihr Boden war im Norden nur bescheiden, im Süden aber reich bestickt, die Kinnbänder dort weiß mit buntem Blumenmuster. Zur Trauer trug man die Haube schwarz, und auch der Betzelboden war dann schwarz überzogen.

Die auffallend hohe, zugespitzte Form der Haube, die ja auch auffallen sollte, setzte eine starke Festigkeit des Stoffes voraus. Die erreichte man durch Stärken mit Bier oder Zuckerwasser. – Ähnlich, nur etwas stärker gerundet und insgesamt niedriger, war die Haube im Ringgau. Die Frauen aus der Gegend um Zimmersrode, dem Amt Schönstein und aus Herleshausen an der Werra hatten eigene kleinere Haubenformen.

Über einem Rock aus rotem und grünem Wollbiber trugen die Frauen den ›Kräuselrock‹ mit zahlreichen langen Falten. Die Jacke, am Hals weit ausgeschnitten und mit Knopfverschluß, war im Rücken paspeliert und in der Taille mit kleinen Schößchen versehen. Im Ringgau ergänzte ein breiter, weißer, mit Fransen besetzter Kragen den Anzug. Keulenärmel bis zum Ellenbogen zeigten Einflüsse der Biedermeiermode aus der Zeit um etwa 1835. Ein schwarzwollenes, gestricktes Brusttuch wurde im Rücken in strahlenförmige Falten gelegt. Gern trug man auch den ›Rosenlappen‹, ein bedrucktes Kaschmirtuch, über der Brust kreuzweise zusammengelegt und hinten zu einer großen Schleife gebunden. Zum Abendmahl hüllte man sich in ein weißes seidenes oder leinenes Tuch mit reicher Stickerei, worüber die Frauen aus Grandenborn ein etwas schmäleres schwarzes Tuch trugen, so daß noch zwei Finger breit Weiß hervorsah.

Zur Ringgautracht gehörte eine große Blaudruckschürze, die die Hüften weit nach hinten bedeckte und mit Ösen geschlossen wurde. Im frühen 19. Jahrhundert waren bunte Zwickelstrümpfe üblich, später einfarbig weiße Wollstrümpfe und dazu weitausgeschnittene Kommodschuhe.

Die Männer trugen auch hier den langen weißleinenen Rock, dazu eine Weste von blauem Tuch oder schwarzem Samt. Diesen Anzug konnte auch eine kurze farbige Tuchjacke ersetzen, die mit zwei Knopfreihen geschlossen wurde – Saum und Knopflöcher farbig ausgenäht. Um den breitkrempigen schwarzen Filzhut lag ein Seidenband, auf einer Seite von einer silbernen Schnalle gehalten und dekorativ herunterhängend. Daneben aber trug man auch die ›Zipfelmütze‹, eine weiße wollene ›Glockenkapp‹ mit blauen Verzierungen. Von den weißen Kniehosen setzten sich dunkelfarbige Wollstrümpfe ab, über die noch weißleinene Gamaschen gelegt werden konnten.

Frauen- wie Männertracht verschwanden bereits im ausgehenden 19. Jahrhundert. Resthaft erhielten sich Alterstrachten, die den Eindruck von einer ganz allgemein dunklen Kleidungsweise verstärkten.

Die Schlitzer Tracht

Die Stadt Schlitz, die dem Ländchen zwischen Fulda, Vogelsberg und Rhön den Namen gibt, war selbst trachtenlos. Neben der Stadt umfaßte die ehemalige Grafschaft im nordöstlichen Zipfel der alten darmhessischen Provinz Oberhessen 16 Dörfer. Sie waren ausgezeichnet durch einen gemeinsamen kulturellen Besitz in Mundart und Tracht, bedingt durch die Kontinuität der Herrschafts- und Verwaltungsgrenzen. Um 1830 setzte dann – wiederum übereinstimmend – eine allmähliche Wandlung ein, die bis gegen Ende des Jahrhunderts zu einem anderen Trachtentyp geführt hat.

Die ältere Form, in der Literatur als ›Faltenrocktyp‹ bezeichnet, bestand aus Haube, Halstuch, ›Duttenkragen‹ mit ›Kringel‹, Motzen, Faltenrock, Tuch- oder Straminschuhen und Zwickelstrümpfen. Die Haube aus Seide oder Kattun, ›Kapp‹ genannt, hatte einen auffälligen, oben überstehenden Boden; das Haubenband war auf der Rückseite zu einer Schleife gebunden, deren Enden bis zur Taille herabhingen. Das Haar trugen die Frauen gescheitelt, zu einem Zopf geflochten und dann als Knoten oder Kranz aufgesteckt.

Beim Leichenbegängnis verwandelten die leidtragenden Frauen ihre Kopfbedeckung zu einer zeremoniellen Form: sie schlugen über die Haube den ›Schleier‹, ein Trauertuch aus feingewebtem weißen Leinen oder Halbleinen, das lang bis zum Rocksaum über den Rücken fiel.

Die Motzen der Faltenrocktracht zeigten noch eine Art von Renaissanceschnitt und waren bis um 1830 aus dem gleichen Material gefertigt wie die Röcke. Nur die Säume waren mit Seide farbig gefaßt – sonst gab es keinen Zierat. Erst mit dem Aufkommen des Strickmotzens nach 1830 änderte sich die Einstellung der Trachtenträgerinnen zur Farbe. Nun wurden der schwarze gestrickte Motzen und das Halstuch kunstvoll farbig ausgestaltet, die Borte des Motzens mit üppiger Straminstickerei.

Der wadenlange Rock in der älteren *Schlitzer Tracht* hatte durchgehende Falten, am Saum mit einem grünen oder blauen Atlasband besetzt.

Wie die Männertracht, die aus langen Tuchröcken, Kniehosen und ›Brammützen‹ bestand, verschwand die Faltenrocktracht der Frauen zu Ende des 19. Jahrhunderts zumindest als allgemeine Alltags- und Sonntagskleidung. Nur zu hohen kirchlichen Feiertagen und zum Abendmahl behielt sie noch ihre Funktion und wurde also in den Kleiderschränken weiter bewahrt.

Nun fanden Formen der städtischen Mode Eingang in die Schlitzer Tracht, besonders die gestrickten Jacken. Die Kleidungsweise wurde zu Ende des Jahrhunderts einfacher und bequemer; man wechselte vom Faltenrock zum ›Sperrock‹, der nur noch bis etwa 20 cm unterhalb des Bundes gefältelt war und dann ausgestellt. Als Besatz wurde nun grüner oder blauer Samt gewählt, der fast bis zur Rockhälfte reichte. Das Merkwürdigste an der neuen Tracht war der ›Seelenwärmer‹, ein breites gestricktes Brusttuch, blauweiß, veilchenblau-weiß oder schwarz und mit Kanten und ›Äppelchen‹ verziert, das waren bunte flauschige Wollkugeln. Auch ›der Jacken‹ war gestrickt in den Farben der Lebensalter: rot, grün, blau, veilchenblau und schwarz, mit abgesetztem Kragenbund, Vordersaum und welligem Schoß, eingefaßt mit einer Häkelkante. Der vordere breite Saum wurde quergemustert und in der gleichen Farbe vierfach in Längsrichtung schattiert.

Fleißig mußten die Frauen stricken, um diese Kleidungsvielfalt zu besitzen, für die sie offensichtlich immer neue Details hinzuerfanden. Die Tracht erhielt allmählich ein skurriles Aussehen und ist in den dreißiger Jahren abgekommen. 1969 waren noch etwa ein Viertel der Landfrauen Trachtenträgerinnen.

Die Trachten des Odenwaldes

Die große Gruppe der Odenwälder Trachten gliederte sich vielfältig nach den ehemaligen territorialen und konfessionellen Verhältnissen.

Während die Männertracht wie fast überall in Hessen aus weißen hirschledernen Kniehosen, weißen Strümpfen und Schnallenschuhen bestand, dazu ein langer Schoßrock und der kleidsame Dreimaster, unterschied sich die Tracht der Frauen vor allem durch die Haubenformen – auch das ein allgemein gültiges Merkmal. Aufgrund der konfessionellen Unterschiede hatten sich zwei Typen herausgebildet: am Ostrand des Odenwaldes in den ehemals kurmainzischen Gebieten um Buchen, Amorbach, Miltenberg und Klingenberg, um Dieburg, im Spessart und in den katholischen Teilen des Kinzigtales trugen die Frauen die ›*Bandhaube*‹ – ähnlich den Frauenhauben in Mittel- und Unterfranken. In den evangelisch-lutherischen Gebieten des gesamten vorderen Odenwaldes war die ›*Karnette*‹ üblich. Aber es gab auch Zwischenformen zwischen der Karnette und dem ›*Kommodchen*‹, einem lose gefältelten weißen Häubchen, die sich in den alten Territorien der Tal- und Neuzent um Lindenfels, dem Erbacher Raum, Wald-Michelbach, dem Amt Neckarsteinach, Fürth, Abt-Steinach und Winterhauch erhalten hatten.

Die ›Karnette‹ war aus buntem geblümtem Kattun und reich bestickt; gegenüber dem weichen ›Kommodchen‹ besaß sie eine festere Form mit plissiertem Boden, dem ›Gupf‹ oder ›Sturm‹, je nach Landschaft steiler gestellt oder vornüber gelegt.

Diese Haube wurde zuletzt noch in den zwanziger Jahren im Kirchspiel Reichelsheim getragen.

Es ist ein Zeichen für die Bedeutung, die die Frauen der Dorftypik ihrer Kopfbedeckungen zumaßen, daß sich hier eine Fülle unterschiedlichster Formen herausbildete. Gerade zwischen Karnette und Kommodhaube variierten die Typen.

So stellte z. B. die Talzenthaube gegenüber dem Kommodchen eine Schrumpfform dar, war kaum plissiert, dafür jedoch mit Perlstickerei, Filet- und Durchbruchsarbeit in reicher Ornamentik ausgestattet; die Steinacher Frauen legten auf eine starke Fältelung Wert, während in der Kellerei Waldeck, Erbach und Winterhauch (›Bechhäuble‹) die Frauen ihre Hauben mit Leinen aussteiften und steppten.

Die ›Bandhauben‹ oder ›Mainzer Hauben‹ der katholischen Gebiete unterschieden sich grundsätzlich von den genannten Haubentypen. Wie in

Niederhessen war der Boden aus Samt oder Seide, bestickt mit Seidengarn, Pailletten und Flitter. Mit den Farben – rot, grün, blau und schwarz – richtete man sich nach den Altersklassen. Ein breites Moiré-Seidenband wurde um die Haube geschlungen, hinten zur Schleife – mit seitlich vorstehenden Schluppen gebunden, wobei die Bandenden lang im Nacken herabfielen.

Abgeänderte Formen der Bandhaube trugen die Frauen um Seligenstadt und Obernburg. Die eine war kugelförmiger, während die andere wegen ihrer hohen gestreckten Form ›Schlothaube‹ genannt wurde.

Auch die Odenwälder Trachten, die bereits um die Jahrhundertwende aufgegeben wurden, wiesen sich am augenfälligsten durch ihre verschiedenen Haubenformen aus.

Sonst gab es kaum besonders hervorstechende Trachtenmerkmale. Zu den tuchenen, faltenreichen Röcken mit schmalen Biesen, dem weißen Hemd mit langen, enganliegenden Ärmeln und dem schwarzen Samtleibchen trugen die Frauen des vorderen Odenwaldes eine Tuchjacke mit langem engem Arm, ›Mützchen‹ genannt, dazu weiße wollene Strümpfe und weitausgeschnittene Kommodschuhe aus Samt mit Rosetten. Zum Sonntagsstaat gehörten zudem die ›Stauchen‹ an den Unterarmen, weiße gehäkelte Halbhandschuhe, eine Schürze, an den Rändern besonders reich bestickt, und ein buntseidenes Halstuch.

Die Trachten der kurmainzischen Gebiete im hinteren Odenwald, die sich mehr an die Gautrachten des Frankenlandes anlehnten, unterschieden sich von den bisher genannten Trachtenbildern. Zur Bandhaube trugen die Frauen eine auffällige Jacke mit ausladenden Keulenärmeln aus Tuch oder Beiderwand. Jacken und Röcke waren in dunklem Blau oder schwarz gehalten, und davon hoben sich wirkungsvoll die weißen Strümpfe ab und am Hals ein farbiges, zuweilen kariertes Tuch.

Modische Veränderungen in der Frauentracht des Hinteren Odenwalds scheinen im 19. Jahrhundert besonders aus der angrenzenden reichen fränkischen Gautracht eingewirkt zu haben, doch blieben sie stets – den wirtschaftlichen Bedingungen des ärmeren Odenwalds entsprechend – bescheidener. Dennoch wurden die Odenwälder Trachten etwas länger beibehalten als die bäuerliche Kleidung der übrigen hessischen Mittelgebirge, denn im Taunus und Westerwald verschwanden die Trachten schon um die Mitte des 19. Jahrhunderts. Das hing vielleicht mit der naturräumlichen Lage des Odenwalds und seiner wirtschaftlichen Isolation zusammen.

Die Tracht der Wetterau

Friedberg war der Mittelpunkt einer in sich uneinheitlichen Trachtenlandschaft, an den Randgebieten fließend und früh der modischen Stadtbekleidung weichend. Zu Zeiten ihrer Geltung im 19. Jahrhundert zeigte sie einen ausgesprochen bäuerlichen Charakter, wie es der durchgehend agrarischen Struktur der Region entsprach. Eingebettet zwischen Taunus, Vogelsberg und Spessart liegt die fruchtbare Lößlandschaft der *Wetterau*. Es entsprach ihrem dominierend landwirtschaftlichen Gepräge, daß – wie in der Schwalm – die Männertracht lange beibehalten und erst in der zweiten Hälfte des 19. Jahrhunderts abrupt abgelegt wurde. Sonntags haben dort die Bauern den Dreimaster und den wadenlangen dunkelblauen Rock mit Metallknöpfen getragen – unter der dunklen Jacke eine hellblaue Unterweste –, dazu gelbe Kniehosen, weiße Strümpfe und Schnallenschuhe.

Die Kopfbedeckung der Frauen ähnelte der hessischen Haube und war nach bäuerlichem Brauch den Altersstufen entsprechend in verschiedenen Farben gehalten. Über den Nacken fiel der Bandbesatz, der – wie die Kinnbänder – von in sich gemusterter schwarzer Halbseide war.

Die langärmelige Tuchjacke wurde vorn mit zwei Reihen blanker Metallknöpfe geschlossen und hatte einen hoch angesetzten Halsausschnitt mit spitzenbesetztem Kragen. Darüber schlangen die Mädchen ein rotes, die Frauen ein dunkleres Halstuch. Die kurzen Schöße der Jacke überdeckten den Ansatz eines faltenreichen Rockes. Seine schwarze oder dunkelblaue Farbe wurde von einem hellfarbigen Saumbesatz aufgemuntert. Rock und Schürze waren sehr reich gefältelt und bedeckten kaum die Knie. Die weit sichtbaren Beine steckten in farblich zu Jacke und Rock passenden Strümpfen und in Halbschuhen, die vorn eine Samtschleife zierte.

Im Norden ging die Wetterauer Tracht in die *Gambacher* und die *Rabenauer Tracht* über, die Ähnlichkeiten mit der Hessentracht um Marburg aufwiesen. Das waren junge Trachten, die sich, den modischen Tendenzen folgend, ständig veränderten. Östlich der Wetterau, am Rande des Vogelsbergs, bestand ein kleines *Trachtengebiet um Büdingen.*

Die Trachten des Taunus im Westen der Wetterau verschwanden schon in der ersten Hälfte des 19. Jahrhunderts und sind kaum dokumentiert.

Die Hüttenberger Tracht

Die junge Bezeichnung »Hüttenberg« beschreibt ein Gebiet, das der angrenzenden Wetterau landschaftlich und geologisch nahesteht – eine Senke im Raum zwischen Gießen, Butzbach und Wetzlar, die von den Taunushöhen im Südwesten, vom Gambacher Landrücken im Südosten und von der Lahn im Norden umschlossen wird. Territorial war die naturräumlich einheitliche Landschaft im 16. Jahrhundert stark zersplittert; den größten Teil der Gerichte besaßen Hessen und Nassau gemeinsam.

Die wechselvolle Geschichte des Gebietes blieb nicht ohne Einfluß auf die Kleidung der bäuerlichen Bevölkerung; häufig legte man neue Moden an und veränderte einzelne Teile der Tracht nach dem wechselnden Zeitgeschmack. Die Hüttenberger waren großteils reiche oder zumindest wohlhabende Bauern, die ihre wirtschaftliche Situation in die Sprache der Tracht übersetzten. Verbunden mit den jeweiligen modischen Trends nahm man jene Stoffe und Schnitte in die Kleidung auf, die geeignet schienen, den bäuerlichen Wohlstand nach außen hin zu repräsentieren.

Wenn auch die Männertracht zu Ende des 19. Jahrhunderts abgelegt wurde, so behielt doch die Tracht der Frauen noch weitgehend ihren bäuerlichen Charakter bei. Während die auswärts arbeitenden Mädchen sich schon städtisch trugen, entwickelten die Hüttenberger Bäuerinnen ihre Tracht zu üppigster Pracht.

Über dem aus drei Zöpfen geflochtenen und auf dem vorderen Scheitel aufgesteckten ›Schnatz‹ trug die Hüttenbergerin ein weißes besticktes Leinenhäubchen, das mit einem sehr breiten Band von Atlasseide umsteckt wurde. Sommers legte man dieses Band einfach, winters doppelt zur ›Maratze‹ rings um den Haubenkern, so daß die spitzenbenähten Bandränder über die Haube emporragten. Seitlich wurde je ein Kinnband angeheftet, das dem Haubenband entsprach, und in einer breiten fülligen Schleife über die Brust gebunden. Wenn bei der ›Maratze‹ die Haubenbänder am Hinterkopf gerafft wurden, ließen sie die reich bestickte weiße Unterhaube als Haubenboden gegen die schwarzen Atlasbänder hervorleuchten.

Zu den hohen kirchlichen Feiertagen wurde die weiße Abendmahlshaube aus Tüll angelegt, die hutähnlich in einen breiten Schirm auslief. Zur Trauer trug man im nördlichen Hüttenberg über dieser weißen Stirnhaube noch ein kleines schwarzes Unterhäubchen, das nur den oberen Teil der Abendmahlshaube bedeckte, aber den weißen Schirm freiließ. Die feine Fältelung dieser weißen Ziehhaube aus Tüll verlangte von Näherin und Büglerin eine feinfühlige Pflege, und mit dem allmählichen Ablegen der Tracht wurde auch die Zahl derjenigen Frauen geringer, die es verstanden, diese Ziehhaube der Sitte gemäß zu stärken und zu plätten. Dazu kamen die Schwierigkeiten der Frisur und der Befestigung, und so schwanden denn auch langsam die Ziehhauben aus dem Bild der Kirchtrachten; gehalten haben sie sich bis zuletzt nur in der Abendmahlstracht, was deren hohen Stellenwert in der Hierarchie der Trachten beweist.

Das weiße leinene Hemd war an den Achseln bestickt – auch der langzipfelige Kragen, der für den Alltag aus Kattun und für den Sonntag aus Halbseide oder Seide gefertigt war. Darüber gehörte zunächst ein Leibchen aus Tuch, mit Fischbein versteift und vorn mit einer Schnur genestelt, die sonntags von Samt sein mußte.

Am unteren Rande des Leibchens waren Polster angenäht zum Binden der Röcke: die einfachen von Wollbiber, die besseren von feinem glatten Tuch und verhältnismäßig kurz, so daß beim Bücken die Kniekehlen sichtbar wurden. Wie in der bäuerlichen Schwalm, so zeigte sich im Hüttenberg die Besitzhierarchie an der Zahl der Röcke, und zum sonntäglichen Staat gehörten 9-11 Röcke. Sie waren in gedeckten dunklen Farben gehalten: schwarz, dunkelblau, russischgrün, olivgrün, braun oder fahl. Dafür leuchteten die Bänder, mit denen die Röcke am unteren Saum besetzt waren, in buntester Farbenpracht, wie überhaupt die Hüttenbergerin mit dem Bänderschmuck ihrer Tracht viel Staat betrieb. Es gehörte sogar zum Zeichen des Reichtums, beim Tanz die zahlreichen guten Röcke mit den bunten Bändern nach und nach abzulegen! Das war eine Demonstration des Besitzes, denn ein armes Mädchen, das vielleicht nur einen Kattunrock unter dem guten Oberrock anhatte, konnte sich ein solches Verhalten nicht leisten.

Die seidenen Bänder der Hüttenbergerinnen wurden aus Lyon oder aus der französischen Schweiz bestellt – als Brust- oder Schürzenschleife ein außerordentlich dekorativer Trachtenzubehör. Werktags trug man weniger Bänder und diese aus Wolle oder Baumwolle. Die seidenen Brustbänder banden die Mädchen über dem Motzen zum ›Schlupp‹ in eine Schleife und ließen sie vorne über die Schürzenbänder niederfallen, die ebenfalls mit einer stattlichen Schleife die dunkelblaue Leinenschürze zierten. An den Seitenkanten wurden die Bänder mit Litzen und am Ende mit Silberfransen besetzt und über der Brust mit Nadeln festgesteckt. So war besonders an der Zahl der teuren Seidenbänder und Schleifen der Reichtum des betreffenden Mädchens abzulesen.

Schlichter im Eindruck, wenn auch nicht minder aufwendig, waren die Abendmahlstrachten: Schürzen aus schwarzer Seide oder schwarzem Taft – der ›Mutzen‹, also die Jacke, aus schwarzem Tuch. Sonst wurde auch Seide, Halbseide, geblümter Samt, Rips, Krepp, Woll- oder Baumwollkaschmir, Cheviot, Leinen oder Kattun verwendet. Er wurde aus einem Stück Stoff geschnitten und mit weißem Wollstoff, sommers mit Baumwollstoff, gefüttert. Die langen engen Ärmel besetzten die Mädchen mit dem gleichen Band, das sie für die Brust- und Schürzenschleifen verwendeten, jedoch in strenger Einhaltung der für die einzelnen Festtage und Lebenssituationen vorgeschriebenen Farben und Stoffe.

Die Frauen trugen schwarze Zwickelstrümpfe und nur die Mädchen hellblaue mit gleichfarbigen Zwickeln – zum Abendmahl aber schwarze, deren Zwickel mit weißem Baumwollgarn aufgestickt wurden. Dazu hatte man Schuhe von feinem Glanzleder mit einer Einfassung von schwarzem Samtband; die werktags getragenen ›Bennelschuhe‹ zeigten einen kleineren Ausschnitt und waren aus derberem Leder gearbeitet. Die Hüttenberger Tracht war also vielfältig gestaltet und sinnvoll strukturiert, entsprechend dem reichen Lebensrhythmus einer bäuerlichen Gesellschaft.

Dieser Charakter der Kleidung bestimmte auch den Prozeß des Ablegens. Wie in anderen hessischen Trachtengebieten setzte das Schwinden der Tracht, zunehmend nach dem Ersten Weltkrieg, zuerst in den landwirtschaftlich benachteiligten Gebieten ein (z. B. nördlicher Teil des Kr. Wetzlar) und zuletzt in jenen Landschaften, wo die Bauern der Anerbengebiete und fruchtbaren Ebenen ihr Besitzbewußtsein und Repräsentationsbedürfnis länger zum Ausdruck bringen wollten, ohne sich den langsam fortschreitenden Veränderungen der Wirtschaftsstruktur anzupassen. In den Ackerebenen hatte die bäuerliche Bevölkerung die Tracht zu reichster Ausgestaltung entwickelt, zu größtem Farben- und Formenreichtum. Hier wurde die differenzierte standesbezogene Zeichensprache der Kleidung am längsten von allen verstanden – hier wurde die Tracht zuletzt abgelegt.

Bilder
hessischen Trachtenlebens
um 1930

Kinderleben

Ausführlich dokumentiert ist in dieser Sammlung das Kinderleben: Kinder beim Spiel, beim Fest, bei der Arbeit und in der Schule.

Im Kleinkindalter waren Jungen und Mädchen sehr ähnlich gekleidet. Sie trugen Hängerkleidchen wie die Kleinen auf Mutters Arm (S. 59) und wie der kleine Junge mit seinem Holzpferdchen (S. 60), in denen sie sich nur wenig voneinander unterschieden. Aber schon bald putzte die erste Tracht die kleinen Mädchen in einem Kleidungsstil heraus, der bereits an den der erwachsenen Frau erinnerte. In festlicher Kleidung mit einem für sie noch zu langen Schultertuch, das fast die Knie erreichte, präsentierte sich die kleine Breidenbacherin der Fotografin. Auf ihrer weißen Schürze sieht man die Initialen und das Jahr 1934 eingestickt. Man denkt eher an eine Schwälmer Trachtenpuppe als an ein lebendiges kleines Mädchen, wenn man die niedliche Schwälmerin auf dem Foto betrachtet. Ausstaffiert mit ihrem sonntäglichen Rosenröckchen, ließ sie für eine Schwälmerin noch ungewöhnlich wenig Bein sehen (S. 60 u. S. 63).

Von Schnitt und Zusammensetzung der Kleidung her trugen die Kinder vom Laufalter an die Kleidung der Großen. Wenn auch die Proportionen bei ihnen verrutscht erschienen, wie hier bei der Kleinen in der katholischen Marburger Tracht, bei der die merkwürdig nach oben verrutschte Taille das Oberteil unverhältnismäßig kurz geraten ließ. Nur ihre Haartracht: vier straff um den Kopf gelegte Zöpfchen, kennzeichneten in dieser Gegend die Mädchen im Vorschulalter (S. 64). Ebenfalls die Hauben wurden so früh wie möglich getragen. Reichten dabei die Haare noch nicht zu dem richtigen Schwälmer Schnatz, so begnügte man sich damit, sie zu einem Rattenschwänzchen hochzubinden.

Die ländliche Kleidungsweise war nicht auf den kindlichen Körper zugeschnitten, sondern orientierte sich an der Statur der erwachsenen Frau. »Großgemacht werden« hieß es daher in der Schwalm, wenn ein kleines Mädchen die erste Tracht anlegte. So ist es nicht verwunderlich, daß diese Kleidung bei den Kindern groteske Züge annahm und sie in Mimik und Gestik vorzeitig altern ließ. Lediglich die rundlichen Kinderköpfe verraten bei den drei kleinen Mädchen das Kindsein, ansonsten verlieh ihnen die Tracht (der katholischen Marburger Gegend) eine bereits gemessene Haltung (S. 67).

Rechtzeitig mit der ersten Tracht wurde der würdige Habitus, der diese begleitete, einstudiert. Die Hände artig übereinandergelegt und in gemessener Pose zurückgelehnt, saß das kleine Mädchen (katholische Marburger Tracht) neben dem Jungen mit dem militärisch kurzen Haarschnitt. Er hat die Hände aufgestützt wie ein Mann (S. 67). Zwei Miniaturausgaben der Erwachsenenwelt!

Die Jungen wurden allerdings schon früh (seit Anfang des 20. Jahrhunderts) mehr städtisch angezogen. Allein in der Schwalm hielt sich die Männer- und damit die Jungentracht länger. In der Schwälmer Burschentracht hat auch die Fotografin den Jungen festgehalten (S. 63). Im allgemeinen galt die männliche Kleidung als bequemer und körpergerechter. Sie engte weniger ein und war weniger der Repräsentation, der Werbung durch Kleidung verpflichtet als die Frauentracht.

In der Tracht wurde, wie uns die Fotos zeigen, auch gespielt (S. 68). Im Sonntagsstaat, eingepackt in ihre voluminösen Röcke, spielten die Schwälmerinnen Ringelreih (S. 69). Verglichen mit ihnen wirkten die städtisch gekleideten Mädchen sehr schmächtig (S. 70).

Städtische Kleidung drang, wie hier dokumentiert, zu dieser Zeit allmählich aufs Land ein. Ihre Vorteile waren unverkennbar: Söckchen anstelle weißer dicker Strümpfe und Kinderkleider statt wuchtiger Röcke trugen sich gewiß angenehmer.

Überhaupt stellten die schweren Stoffe der Tracht und ihre durch den Schnitt bedingte Belastung der Hüften eine sinnlose Anforderung an den noch nicht voll entwickelten kindlichen Körper dar. Es gab folglich auch Erleichterungen für die ganz Jungen: Rock und Oberteil waren angenäht, und leichtere Stoffe wurden verwendet. Ansonsten wies die Kleidung der Kleinen schon alle Abzeichen der dörflichen Lebenswelt auf: sie folgte dem strengen Rhythmus der Feiertagsordnung, dem kirchlichen Brauchkreis und der ländlichen Besitzhierarchie.

Trauer trug auch die kleine Schwälmerin: dunkel gehaltene Kleidung und ovale Schuhschnallen hoben sie aus der Reihe ihrer Kameradinnen heraus (S. 71). »Stolz gemacht« und sich ihrer eleganten Kleidung bewußt, trat diese junge Schwälmerin vor die Kamera (S. 77); rechtzeitig lernten die Mädchen sich »stolz«, d. h. schön und reich zu kleiden. Je mehr Röcke, je prächtiger der Bandbesatz und die Kappenbänder, desto wohlhabender und desto schöner das Prestige, ein Prinzip, das sich die jungen Mädchen sehr schnell merken konnten.

Mit zunehmendem Alter wuchs der Kleidungsvorrat, wurde er um wichtige Festtagsstücke bereichert (z. B. erhielten die Mardorferinnen das Kirchwerk bei Schuleintritt), überhaupt wurde die Ausschmückung größer.

Selbst wenn man gerne mit Klickern spielte, womit sich diese vier Mädchen vergnügten (S. 81, evangelische Marburger Tracht), so dachte man schon an die Zeit, da es zum Tanz ging. Allerdings mußte vorher noch fleißig geübt werden, und sei es nur auf der Dorfstraße (S. 85), wo sie sich gegenseitig herumwirbelten. Erst mit der Konfirmation, die den offiziellen Abschluß der Kindheit bildete (in der katholischen Marburger Tracht mit der Schulentlassung, da die Erste Kommunion früher fiel), wurde ins Alter der Heiratsfähigen übergewechselt. Ab dann begann die Jungmädchenzeit mit der Anschaffung der Aussteuer, es wurde die größte Kleidungspracht entfaltet, nur um einen ebenbürtigen Freier zu erhalten, und die jungen Leute bereiteten sich auf den bedeutendsten Wendepunkt in ihrem Leben, die Hochzeit, vor.

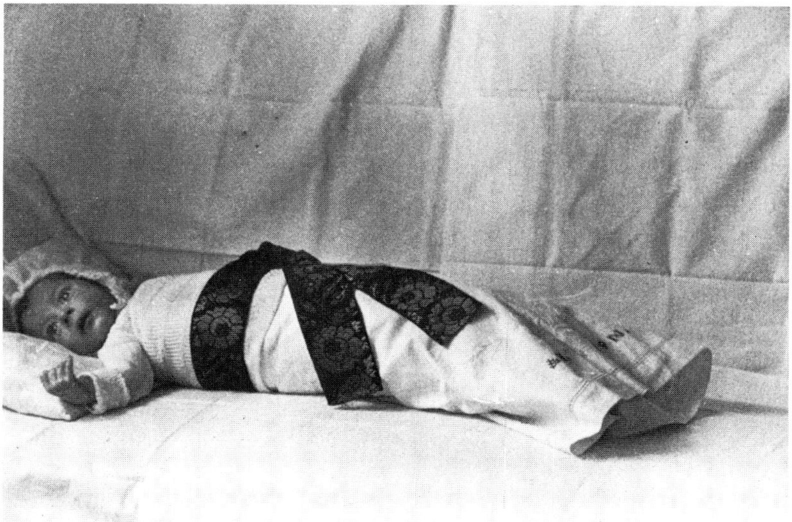

Bis zum zweiten und dritten Lebensjahr
tragen Jungen und Mädchen Kleidchen

Mädchen im Breidenbacher Grund: bereits Abbild der Großen
Der kleine Junge aus Bauerbach dagegen noch im Röckchen

Mädchen der katholischen Tracht
im Vorschulalter mit biedermeierlicher Frisur

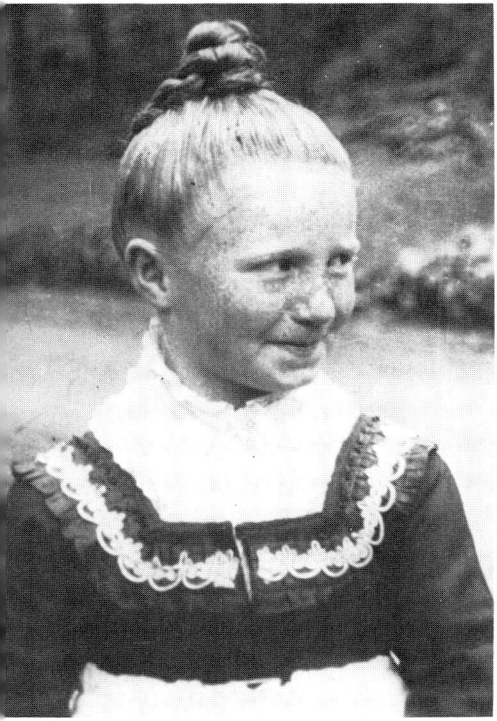

Etwas früher als die katholischen Mädchen steckten die evangelischen Mädchen der Marburger Gegend ihre Haare zum Schnatz hoch

Stolz herausgeputzt das Schwälmer Mädchen –
in würdevoller Pose der Schwälmer in Burschentracht

Schule

Zur Schule bekamen die Kinder bessere Tracht angelegt, meist ehemaliges Sonntagszeug, das am Nachmittag sofort gegen abgetragenere Kleidung ausgewechselt wurde. Kappetragen galt in der Schule als unbedingte Pflicht, und auf den Fotos (S. 89) erkennt man die schön bestickten Kappenböden der Schwälmer Schülerinnen, die eifrig über ihre Schultafeln gebeugt waren. Die Jungen mußten sich nicht diesem manchmal lästigen Kleidungszwang unterwerfen.

In der Schwalm trug man gewöhnlich die Schulsachen unter dem Arm (S. 88). Ein Ranzen war kaum bekannt.

Das Erlernen der Näh-, Strick- und Stickkünste stellte eine wichtige Aufgabe für die Mädchen dar. Eine Handarbeitslehrerin, oft eine »Dorfnähtersche«, die mit der Kunst vertraut war, unterwies die Schülerinnen. Vor allem mit dem Strümpfestricken begannen sie früh. Eine Schwälmerin besaß durchschnittlich 40-50 Paar Strümpfe mit vielfältigen Mustern für alle Gelegenheiten.

Die komplizierte Komposition der Muster verlangte von den Schülerinnen eine überdurchschnittliche Geschicklichkeit. So gehörten zum Hochzeits- und Kirmesstaat Strümpfe mit »Kreuzerchen« und »Achterchen« mit doppelten »Schlängerchen«. Den gewöhnlichen Sonntagsstrumpf schmückten »Herzer mit zehn Muscheln« und darüber ein »Flügelpaar«. Für die Werktagsstrümpfe wählte man »Quetschestee mit Hemknepp und Gänsersche oder Schlängersche«. Doch ist mit diesen Beispielen das Repertoire der Zwickelmuster nicht erschöpft. Sie sollen an dieser Stelle genügen.

Nicht nur in der Schwalm, sondern auch in anderen Gegenden bestand man darauf, die Mädchen frühzeitig mit der Handarbeit vertraut zu machen. »Unter allen weiblichen Handarbeiten war das Strümpfestricken die erste große Aufgabe, die man den Mädchen stellte. Jede Mutter legte Wert darauf, daß ihre Tochter möglichst früh lernte, wie sich die einzelnen Schlingen, die durch das Stricken entstanden, miteinander verbanden; ... Wenn ein Mädchen z. B. fünf Jahre alt war, mußte es schon wissen, wie man die fünf Teile, aus denen sich ein Strumpf zusammensetzte, erarbeitete. Für die Konfirmandin war es der größte Stolz, eine Reihe selbstgestrickter Strümpfe mit schönen Mustern vorzuzeigen.« (Friebertshäuser, S. 55: über die Ämtertracht im Amt Blankenstein).

Überhaupt trug Geschicklichkeit in der Handarbeit zur allgemeinen Wertschätzung eines Mädchens bei.

In Mardorf (katholische Tracht) stellte das »genähte Halstuch« die bemerkenswerteste Handarbeit der Jungmädchenjahre dar, die sie zusammen mit dem »Motzen«, den Zwickelstrümpfen und den »bunten« Hemden am liebsten vorlegten.

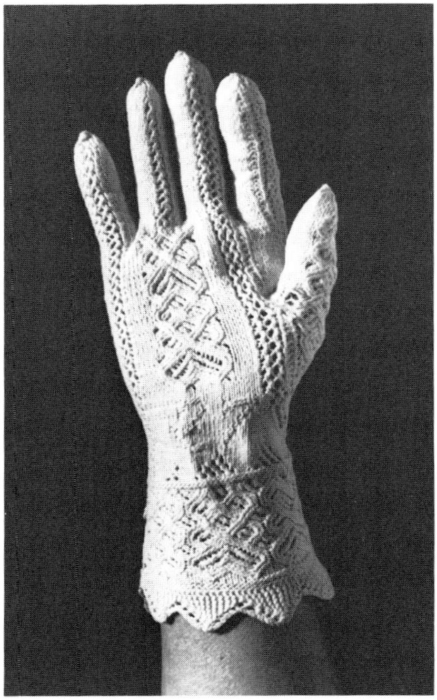

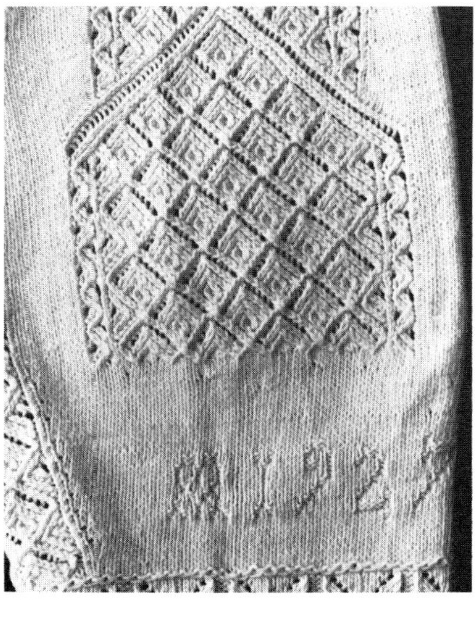

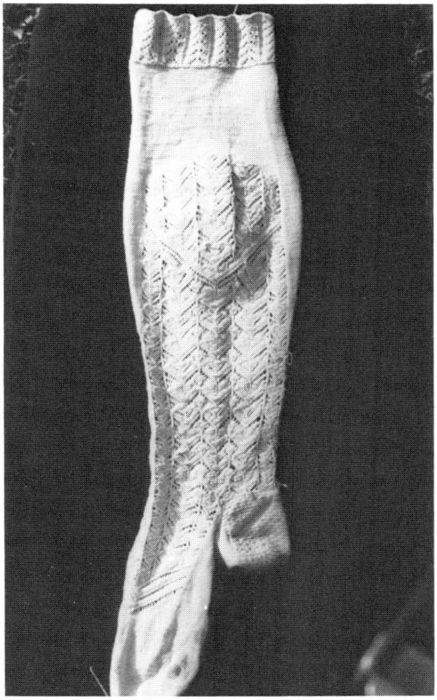

Ländlicher Alltag

Neben der grundsätzlichen Unterscheidung in Werktags-, Sonn- und Kirchenkleid kannte man in der Alltagstracht eine zusätzliche Abstufung je nach Art und Bedeutung der Tätigkeiten. Die Werktagstracht unterschied sich von der besseren Kleidung durch die Wahl schlichter, dunkelfarbiger Stoffe. Eine eigene Arbeitstracht mit eigenem Schnitt und abweichender Zusammensetzung der Kleidungsstücke gab es bis auf die Erntetrachten kaum. Nur in geringem Maße wurden praktische Bedürfnisse berücksichtigt. Manchmal handelte es sich um Trachtenteile, vor allem um Röcke, die vom sonntäglichen Gebrauch in den Werktag abgesunken waren (so bei der Ämtertracht des Hinterlandes). Und auch sonst wurden abgetragene Sachen in der Alltagskleidung verwertet. Freilich mußte die Abendmahlskleidung hiervon ausgenommen werden; denn diese schätzte man als zu »heilig«, um sie durch werktäglichen Gebrauch zu profanisieren.

Haus, Hof und Garten

Aufmerksam hat die Fotografin die Frauen bei ihren vielfältigen Arbeiten in Haus, Hof und Garten beobachtet und die unzähligen Details vorgeführt, die den ländlichen Arbeitstag der Frauen ausmachten. Die so häufig schmutzigen und groben Verrichtungen verlangten eine möglichst einfache, unempfindliche Kleidung: abgetragene Röcke, Schürzen aus soliden, dunklen Stoffen, alte Schuhe usw. Statt der Hauben zog man Kopftücher an oder ging gar barhäuptig. Einen speziellen Arbeitsschuh, den »Firwes«, besaß man im Schlitzerland.

Mit der Gartenarbeit beschäftigten sich auch diese drei Schwälmer Frauen (S. 99). Des Bückens anscheinend müde, hat eine von ihnen sich einfach auf die nackte Erde gesetzt. Mühselig war ebenfalls das Spalten des Holzes, das anschließend auf einem vollbeladenen Wägelchen weggeschafft wurde (S. 100). Hühner füttern, sich um die Gänse kümmern, ja die ganze Viehfütterung oblag im wesentlichen den Frauen. Ab und zu mußte der Ferkelaufzucht mit der Flasche nachgeholfen werden (S. 103 u. S. 96). Den Männern blieb es meist überlassen, sich der allgemeinen Viehpflege anzunehmen und den Viehverkauf zu besorgen. Dazu gehörte gleichfalls, wie man hier sehen kann, die Schweine auf die Viehwaage zu treiben (S. 101).

Die gesamte Hausarbeit wie das Einmachen der Früchte, die Milchverarbeitung und vieles mehr fielen ausschließlich in die Domäne der Frau. Fleißig rührte diese Bauersfrau das Butterfaß (S. 102). Sogar bei der Beerenlese hat unsere Fotografin eine Trachtenfrau aufgespürt (S. 104). Den Eimer hinten am Rock befestigt, schien sie emsig zu sammeln. Ob für den eigenen Bedarf oder für den Markt, können wir schwerlich unterscheiden. Auf jeden Fall durfte nach ländlicher Ansicht nichts verkommen. Die bäuerliche Wirtschaft konnte alles verwerten, sogar die wilden Waldfrüchte.

Achtete man im engeren Hofbereich wenig auf die Kleidung, so änderte sich dies schon dann, wenn man die weitere Nachbarschaft aufsuchte oder ins Dorf ging. Überall, wo man »gesehen werden konnte«, legten die Frauen Wert auf eine ordentliche Zusammenstellung ihrer Kleidung, legten eine saubere Schürze an, rückten den Sitz ihres Halstuches zurecht usw. Bequeme Schuhe behielten die Schwälmerinnen allerdings auf der Dorfstraße an, wenn sie wie hier dem Ausrufer lauschten oder sich zu einem kleinen Schwatz trafen (S. 107).

Frauen beim Auspflanzen der Rübensämlinge

Backen

Allwöchentlich, manchmal auch nur vierzehntägig, mußte gebacken werden. Schon einen Tag vorher fing der Gemeindediener an, das Gemeindebackhaus zu heizen. Die Frauen bereiteten zwar den Teig zu Hause vor, doch das Backen erfolgte gemeinschaftlich, – eine Familie nach der anderen. Absprachen wie das Auslosen der Termine zwischen den Frauen waren daher geboten. Den Vorrat an Broten, den diese Schwälmerin nach Hause trug, mußte erst mal für eine Zeit den Bedarf der Familie decken (S. 114). Stehen gar Feiertage bevor, so war der Andrang noch größer; denn die vielen Kuchen (bei reichen Schwälmer Bauern bis zu 40 Stück) mußten rechtzeitig vor dem Fest fertig werden. Kuchenbleche transportierten wohl diese Schwälmerinnen ins Backhaus (S. 114). Mit Vorliebe aß man zu dieser Zeit Hefekuchen.

Gehörte das Backhaus zu den dörflichen Gemeinschaftseinrichtungen, so mußte doch jeder Haushalt über das notwendige, eigene Backgerät verfügen. »Zu den wichtigsten Backwerkzeugen gehörten der Backtrog, ein hölzerner Behälter, in dem der Teig zu Haus angesetzt wurde (siehe auch S. 108), ›der Backkiß‹, eine hölzerne, langstielige Kratze, mit dem die Holzkohlen aus dem Backofen entfernt wurden, der Backhalder, auf dem das Brot in den Ofen geschoben wurde, die Backbretter, etwa zwei Meter lange und auf 25-35 Zentimeter breite Bretter, die man, angefüllt mit 7-10 Brotlaiben auf dem Kopf zum und vom Backhaus trug, der Backwisch, das war ein langer Stiel mit einem Bund Stroh, oder ein nasser Sack, mit denen man am Ende den Backofen reinigte, und schließlich das Kitzchen, ein rundes Kissen, das aus Wollstoff bestand und das man als weiche Unterlage benutzte, wenn man die schweren Backbrette auf dem Kopf trug« (Friebertshäuser, S. 84). Wie oben angedeutet, erforderte das Backen eine gewisse Organisation aller Beteiligten. Sie besaß eine spielerische und eine rituelle Note, die M. Hain bei ihren Forschungen im katholischen Ort Mardorf bei Marburg in den 30er Jahren miterlebte: »Zur Mittagsstunde, beim Angelusläuten, kommen die Frauen, die am folgenden Tag Brot backen wollen, vor dem Backhaus mit dem Ortsdiener zusammen. Es wird ›gespillt‹, d. h. das Los bestimmt die Reihenfolge des Backens« (Hain, S. 29). Losverfahren waren auch in anderen hessischen Trachtengebieten üblich. Während des Backens übernahmen vielfach die Kinder die Aufgabe, ihren Müttern oder den Mägden zu melden, wann sie an der Reihe waren.

U. Ewig berichtet darüber vom Breidenbacher Grund (Hinterland): »Man backt je nach Größe des Haushalts etwa alle zwei Wochen. Jeden Abend um sechs Uhr versammeln sich vor dem Backhaus die Frauen, die am nächsten Tag Brotbacken wollen, und es wird ›gespillt‹ . . . Die ersten beginnen frühmorgens zwischen fünf und sechs Uhr. Der Teig ist schon am Abend vorher angesetzt worden. Es wird Feuer von dem mitgebrachten Holz und Reisig angelegt, und während der Ofen heiß wird, werden die Brote geformt. Ist der Ofen heiß genug, so wird die Glut herausgeholt und die Laibe eingeschossen. Dann dauert es etwa eine Stunde, bis sie gut sind. Es backen immer zwei Parteien gleichzeitig. So ist in der Zeit, bis die Brote gar sind, willkommene Gelegenheit zu einem Schwätzchen: Familienereignisse, Dorfneuigkeiten werden ausgetauscht« (Ewig, S. 95-96).

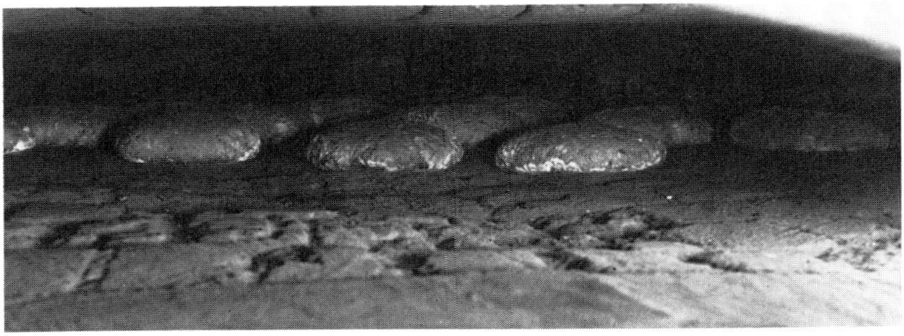

Waschen

In einem ähnlich gemeinschaftlichen Rahmen führten Frauen und Mädchen das Waschen und das anschließende Bleichen auf der Gemeindewiese durch.

Dabei betrieb man einen für uns heute außergewöhnlichen Arbeitsaufwand: Zuerst mußte das Wasser in Kübeln von der Wasserpumpe herangeschleppt werden, um den großen Bottich zu füllen. Mit zwei Kübeln Wasser beladen mühte sich auch die Schwälmerin auf dem Foto ab (S. 120). In der großen Bütte, die u. a. gleichfalls zum Schlachten verwendet wurde, reinigte man die Kleider und die Wäsche gründlich. Bei kleineren Teilen schien der alten Schwälmerin eine kleine Schüssel zu genügen (S. 124). Da wegen des erheblichen Aufwandes nicht so oft gewaschen werden konnte, fiel daher eine Menge Wäsche an. Ordentlich auf dem Waschbrett rubbeln mußten diese Mädchen und viel körperliche Kraft einsetzen, bis sie ihre Wäsche sauber hatten (S. 129).

Als damals übliche Waschmittel benutzten sie hauptsächlich Kernseife und Aschenlauge und andere Mittel wie »Schwanweiß«; die Aschenlauge eignete sich insbesondere für die großen Leintücher. Die Kernseife war unentbehrlich für die Reinigung der weißen Wollstrümpfe, die in der Schwalm noch zusätzlich geschwefelt wurden, um das leuchtende Weiß zu bewahren; denn weiße Strümpfe trugen die Schwälmerinnen bis zum 2. Weltkrieg auch zur Arbeit. Erst als im Krieg kaum noch echte Kernseife erhältlich war, gingen sie zu schwarzen Strümpfen (bei der Arbeit) über. Die Frauen des Breidenbacher Grundes sind bereits vor dem ersten Weltkrieg zu den schwarzen Strümpfen übergewechselt.

Längst nicht alle Teile der Tracht konnten gewaschen werden. Die schweren geglänzten Beiderwandröcke oder die feinen Tuchröcke der Abendmahlskleidung, die Jacken und Motzen aus »Dibet«, »Damest«, Atlas , die mit Gold- und Silberfäden bestickten Hauben, die fein verzierten Strumpfbänder, die Leibchen aus Samt usw. konnten lediglich gelüftet werden. »Ausmärzen« hieß dies in der Schwalm, wo im Frühjahr der gesamte Kleidungsstaat für alle Augen sichtbar ausgebreitet wurde. Dann erst konnte man bei den wohlhabenden Bauerstöchtern den Rockbandbesatz bewundern, der, da er oft mehr als die Hälfte des Unterrockes bedeckte, nicht sichtbar war.

Die Arbeitsröcke aus Beiderwand konnten, da ja bereits abgetragen und so ohne den richtigen Sitz, gewaschen werden. Eine Art, den Rock zu pflegen, geschah durch die Erneuerung des Bandbesatzes an den Unterröcken. Im Amte Biedenkopf (Hinterland) putzte man den durch Sonne und Schmutz verblichenen Arbeitsrock mit Farbe wieder auf: »Dazu konnte man früher Holzfarbe kaufen, die selbst gerichtet wurde und mittels einer Bürste auf den Rock gestrichen wurde. Da man im Krieg die Farbe nicht bekam, sahen die Röcke oft sehr unansehnlich aus« (Henssen, S. 34).

Eine solche Art der Reinigung entsprach im allgemeinen nicht unseren heutigen Vorstellungen von Hygiene. Dieser Nachteil stellte unter anderen Faktoren einen Grund für die Aufgabe dieses ländlichen Kleidungsstiles dar.

Eine zusätzliche Pflege der Wäsche, die damals auf keinen Fall fehlen durfte, war das Bleichen der großen Wäscheteile, vor allem der riesigen Leintücher. Diese Sachen wurden nach der Wäsche auf die Gemeindewiese gebracht und dort für alle Augen sichtbar ausgebreitet. Die anderen Teile wurden auf die Leine gehängt (siehe auch S. 131). Da konnte man die reiche Wäscheausstattung der reichen Bauern bewundern.

Vier Wochen lang, so war es in Mardorf üblich, mußte der »Duch« bleichen. Für die übrige Wäsche genügte je nach Sonnenschein ein Tag.

Während der Bleiche feuchteten die Mägde und Mädchen mit der Gießkanne die Tücher nach (wahrscheinlich ähnlich wie die junge Schwälmerin S. 131) und wendeten sie. Am letzten Tag schließlich feierten sie das Ende ihrer Mühe, indem sie in »halbsonntäglicher Tracht« erschienen, um die Tücher einzubringen.

Feldarbeit

Die Arbeiten auf dem Feld ergaben sich aus dem Rhythmus des landwirtschaftlichen Jahres.

Im beginnenden Frühjahr, im Monat März, setzten die ersten Arbeiten draußen ein. Mit dem Kuhgespann zog der Schwälmer aufs Feld (S. 136). Aber auch Frauen konnten, wie man hier sehen kann, diese Aufgabe übernehmen (S. 137). Mit der Säuberung der Wiesen von Disteln, Maulwurfshügeln u. a. begannen die Frauen die Frühjahrsarbeiten (S. 139), während der Bauer die Saat ausstreute (S. 138). Für die ersten Arbeiten draußen legte jede Frau und jedes Mädchen Wert darauf, etwas Neues anzuhaben: sei es eine neue Jacke, ein neues Halstuch oder sogar eine neu angefertigte Schürze. Damit wollten sie gleichzeitig ihre Freude über den Beginn des neuen Arbeitsjahres kundtun. Alle Kleidungsstücke waren aus einfachen, stabilen Stoffen hergestellt.

Mit zunehmender sommerlicher Hitze strebte man gleichfalls den Höhepunkten der Feldarbeiten zu: der Heuernte und der Kornernte. Besonders die Heuernte empfanden alle als angenehme, wenig anstrengende Tätigkeit.

Hierbei konnten sie in Gruppen zusammenwirken, was die Stimmung bei der Arbeit sicherlich auch anhob. In heller freundlicher Kleidung gaben sie ihrer Freude über diesen angenehmeren Teil der Feldarbeiten Ausdruck. In der Schwalm kannten sie sogar eigens für diesen Zweck eine Erntetracht: weißleinene Schürzen und Jacken für die Frauen und weißleinenes Zeug für die Männer.

Im Breidenbacher Grund signalisierten die Mädchen die außerordentliche Bedeutung der Heuernte mit einer besonders festlichen Kleidung. In früheren Zeiten putzten sie sich extra in sonntäglicher Tracht heraus. Im Amte Biedenkopf machten sich die Mädchen »stolz« mit frischgestärkten Halstüchern, bunten Brusttüchern, leuchtend blauen Schürzen, einem besseren Arbeitsrock und leichteren Schuhen. Mit dem neuesten Arbeitsrock, farbenfrohen Stauchen, Samtbändern, reichbestickten Brusttüchern schmückten sich Frauen und Mädchen im Amte Blankenstein. Die Frauen und Mädchen der katholischen Marburger Tracht in Mardorf zeichneten diese Tage durch eine helle Leinenschürze mit Kreuzstichborte, einem leichten Baumwollrock oder einem sonntäglichen grauen Beiderwandrock mit hellblauem »Floretbaand« aus.

Doch schon die Kornernte stellte bereits höhere Anforderungen an den körperlichen Einsatz jedes einzelnen. Indessen hielten die Schwälmer an ihrer weißen Erntetracht fest, die sie zusätzlich gegen die heißen Strahlen der Julisonne schützte. In anderen Gegenden war die Arbeitstracht bei dieser Gelegenheit schlichter, doch helle oder manchmal weiße Kopftücher, wie z. B. bei dieser Schlitzer Frau (S. 147), belebten die sonst etwas tristere Arbeitstracht und verdeckten den Kopf gegen die Sonne. Die Männer gingen den Frauen voran und schnitten das Korn, die Frauen folgten ihnen, indem sie die geschnittenen Ähren zu Garben banden. Mit der Sichel, die, wie man hier feststellen kann (S. 144 Schwälmer Frau), hinten am Schürzenband befestigt wurde, half man manchmal nach.

Das Mittagessen nahmen sie gemeinsam auf dem Feld ein (S. 143). Der Weg nach Hause hätte zu lange aufgehalten. Nachher auf dem Hof ging die Arbeit weiter: das Heu mußte entladen und das Korn gedroschen werden. War die Dreschmaschine herangeschafft (S. 151), so packten Mann wie Frau kräftig mit an, um die Ernte unter Dach zu schaffen. Selbst die alte Bäuerin scheute sich nicht, mit anzupacken (S. 154). Da diese Arbeit viel Staub und Schmutz aufwirbelte, hatte sich diese alte Schwälmerin sorgsam Kopf und Hals eingehüllt (S. 153).

Bis spät in den Herbst erstreckten sich die Feldarbeiten. Kartoffel- und

Rübenernte beschlossen die lange Reihe der Erntefolge. Den schweren Sack über ihre Schultern geladen, schleppt die alte Schwälmerin das Futter zum Wagen. Die Kinder beteiligten sich ebenfalls an dieser Arbeit, wie der Junge, der hier anscheinend mithelfen sollte, die Säcke auf den Wagen zu laden (S. 139), oder wie das kleine Mädchen, das sich mit der großen Rübe abmühte (S. 157). Die über ihren Arm gezogenen Stauchen sollten die Kälte abhalten, die zu dieser Jahreszeit schon spürbar war. Ihre weißen Strümpfe behielten die Schwälmerinnen sogar bei dieser groben Tätigkeit an (S. 156). Während der heißen Sommerzeit bedeuteten diese dicken Strümpfe eine wahre Last. Dennoch entschlossen sie sich erst sehr viel später, die sommerliche Arbeitstracht nach modernen Gesichtspunkten zu gestalten.

Allerdings erleichterte man überall die schwere Tracht während dieser warmen Jahreszeit: entweder streifte man einige der schweren Unterröcke ab, legte den Motzen ab, ersetzte das warme Halstuch durch ein luftiges Kattuntuch; doch auch dann achteten sie auf farbliche Übereinstimmung z. B. mit dem Kopftuch (katholische Tracht in Mardorf). Im Hüttenberg verzichtete man auf den dicken obersten Rock und bewegte sich stattdessen lieber in den kurzen Unterröcken, unter denen unüblicherweise das Hemd hervorschaute.

In den 20er und 30er Jahren, in dem Zeitraum, in dem diese Fotodokumentation entstanden ist, verschafften sich die Frauen und Mädchen durch die Verwendung leichterer Stoffe wie Druckzeug und Baumwolle Erleichterung. Eine leichte hellblaue Leinenjacke ohne Ärmel zogen z. B. die Schwälmerinnen an, und die Breidenbacherinnen wechselten zu einem luftigen Arbeitskleid aus Druckzeug über.

Viele alte Frauen hingegen, durch Jahre hindurch gewöhnt an die unpraktischen Stoffe, meinten: »Was für die Kälte gut ist, ist auch für die Hitze gut« (U. Ewig, S. 51), oder sie waren wie die Mardorferinnen der Ansicht: »Wir sind im heißesten Sommer nicht in unseren Röcken und Halstüchern gestorben« (Hain, S. 27).

Obgleich die Arbeitskleidung nach zweckmäßigeren Gesichtspunkten ausgerichtet war, dominierte dennoch das Prinzip der dörflichen Kleidungsetikette. So besaß das Leibchen der Mardorferinnen noch die Hüftkissen, wenn auch nicht so prall mit Werg ausgefüllt wie sonst. Und ihre Schuhe hatten sie nicht den äußeren Bedingungen angepaßt: »Selbst bei der Arbeit auf aufgeweichtem Lehmboden kennt die Mardorferin nur den flachen »Kommodschuh«, keinen Stiefel oder Schnürhalbschuh. Sie weiß sich

geschickt und ohne den farbigen Strumpf zu beschmutzen über schlammigen Grund zu bewegen« (Hain, S. 26). Die Schwälmer benutzten zur Arbeit ihre Schnallenschuhe, allerdings meist abgetragene.

Nicht in allen Trachtengegenden verfuhr man so rigoros. Im Hüttenberg kannte man eigene Arbeitsschuhe, »die Bennelschuh« (Otto, S. 372), und im Breidenbacher Grund zog man einfach das Wams über den »Rock« (= Rock und angenähtes Oberteil), eine so angenehme Änderung, daß sie schließlich in ihre allgemeine Tracht überging.

Die Tracht besaß jedoch manchmal auch sehr praktische Vorzüge: Über den Kopf schlugen die Mardorferinnen bei Regen ihre wasserundurchlässigen »Schimmel« (=Röcke) und gingen im Unterrock (S. 261).

Manche Veränderungen in der Arbeitstracht gaben Anregungen zu einer weiteren Modifizierung des ländlichen Kleidungsstiles und förderten auch seine endgültige Abschaffung.

Ein Hausten wird aufgestellt

Feierabend

Der Schäfer mit seiner Schafherde, wie ihn die Fotografin noch angetroffen hat, stellte über Jahrhunderte hinweg ein vertrautes Bild in der hessischen Landschaft dar. Als jedoch die einheimische Wollproduktion immer mehr an Bedeutung verlor, verschwanden gleichfalls die Schafe – galten aber zur Zeit dieser Aufnahme als ein noch vertrautes Bild.

Der so oft gerühmte ländliche Feierabend, dessen Beschaulichkeit von Außenstehenden so hochgelobt wurde, konnte von den Beteiligten selbst kaum genossen werden. Bis spät in die Nacht waren die Abende mit zahlreichen Verrichtungen ausgefüllt. Insbesondere die Frauen mußten die liegengelassenen Hausarbeiten nachholen. Tatsächlich konnten sie nur selten so gemütlich und beschaulich auf der Bank sitzend den sommerlichen Feierabend genießen wie dieser Schwälmer Mann (S. 163). Allein dem Sonntagsmaler (S. 162) bot sich die Landschaft in ruhiger Schönheit dar, und nicht selten haben solche Eindrücke den Betrachtern eine vermeintliche ländliche Idylle vorgetäuscht.

Handarbeit

Bis zu Anfang dieses Jahrhunderts und geringfügig noch zur Zeit des Nationalsozialismus baute die ländliche Bevölkerung Flachs an und hielt große Schafherden, um die Grundmaterialien der Kleidung wie Flachs und Wolle selbst zu erzeugen.

Beim Flachs »erreichte man zwei Qualitäten: den langfaserigen blonden Schwingflachs und das kurzfaserige, durch Stengelteile verunreinigte Werg. Beim Spinnen des Schwingflachses gewann man die guten Leinengarne in verschiedenen Stärken, die sowohl gebleicht, als auch ungebleicht verwebt wurden. Das Werg wurde zu Werggarn versponnen. Schwingflachs und Leinengarn waren in der Regel Teil der Mitgift« (Deibel, S. 40-41). »Die Wolle wurde im Hause aufbereitet. Man erhielt durch Spinnen zwei Qualitäten: Gute Wolle nach Streichgarnart und Wolle von den »Zappe« (geringere Sorte Wolle)« (Deibel, S. 41).

Meistens übernahmen es die Frauen und Mädchen, Flachs und Wolle zu verspinnen (S. 166). Daraufhin verschaffte es der Weber zu Stoff (S. 164). Beiderwand stellte überall das bevorzugte Material für Röcke dar.

Die mühsame Anfertigung der einzelnen Trachtenteile geschah in genauer geschlechtlicher Arbeitsteilung: der Schneider nähte die großen Teile und war zuständig für die Stickereien auf den Männerröcken, aber alle feineren Arbeiten wie die Haubenstickerei, die Bebänderung der Röcke, Sticken von Brustlatz, Kappenbändern, Strumpfbändern und vieles mehr übernahmen die Näherinnen (»Nähtersche«), entweder hauptberuflich oder im Nebenerwerb. Sie entstammten meist den ärmeren dörflichen Schichten. Aber auch Frauen, die wegen einer körperlichen Behinderung nicht voll im bäuerlichen Arbeitsprozeß eingesetzt werden konnten, übertrug man diese Aufgaben.

Zu welch erstaunlicher Kunstfertigkeit sie es in diesem Metier brachten, zeigen diese Fotos mit der Schwälmer Näherin Marthlies Dörr. Ihre Geschicklichkeit und ihr Stilgefühl haben vor allem die Willingshäuser Maler, unter ihnen Karl Bantzer, gerühmt, und der Maler Heinrich Giebel hat sie in einem Bild, das sie bei der Arbeit am Stickrahmen darstellt, verewigt. In dem Buch von Adolf Spamer über hessische Volkskunst ist das Foto mit der Näherin M. Dörr bei der Arbeit, von derselben Fotografin aufgenommen, ebenfalls abgebildet.

Bei der für sie so typischen Tätigkeit des Stickens hat sie auch hier die Fotografin im Bild festgehalten (S. 170). Die Stickarbeit (S. 168) stellt eine fertige Arbeit der M. Dörr vor. Die Feinheit der Ausführung ließe kaum vermuten, daß so schwielige und abgearbeitete Hände dieses kleine Meisterwerk der Stickkunst zustande gebracht hätten. M. Dörr arbeitete zunächst als Magd und später erst, im fortgeschrittenen Alter, konnte sie sich ausschließlich der Stickerei widmen (aus Bantzer, Hessen in der deutschen Malerei, 1. Teil, Marburg 1956, *3*).

Als Spezialität der Schwälmer Textilkunst gilt die Weißstickerei, die früher in ganz Hessen beheimatet war und einst in den Klöstern gepflegt wurde. Weißstickerei an Bettwäsche und sonstiger Hausausstattung symbolisierte in der Schwalm den Wohlstand des Hauses und galt als wichtiger Teil der Aussteuer. Hemden mit so prunkvoller Weißstickerei, wie dieses hier auf S. 170, hoben die besondere Festlichkeit der Kleidung hervor; es handelte sich hier vermutlich um ein Bräutigamshemd.

Doch nicht nur professionelle oder halbprofessionelle Näherinnen waren Träger der ländlichen Textilkunst. Alle Frauen, jung und alt, verfügten über handarbeitliche Kenntnisse, die unentbehrlich waren, um den eigenen Kleidungsstaat zu erhalten. Der Bogen der Handarbeiten war weit gespannt. Im Breidenbacher Grund wurden die Strumpfbänder geflochten. Die Fotografin hat kenntnisreich diesen Arbeitsvorgang im Bild festgehal-

ten (S. 172), der nicht einfach zu bewerkstelligen war: »Man zerschnitt die verschiedenfarbigen Garngebinde je einmal und faßte die bunten Fäden zu einem langen Strang zusammen. Dann legte man die Fäden so auseinander, daß die Farben abwechselten, und verflocht sie, von der Mitte aus beginnend, so, daß ein zopfähnliches Band in schrägkreuzendem Muster (›Scheren‹) entstand« (Ewig, S. 77).

Im wirtschaftlich sehr armen Gebiet des hessischen Hinterlandes stellten das Garnspinnen und das Strümpfestricken eine unerläßliche Nebenerwerbsquelle aller Bewohner dar. Hier strickten sogar die Männer, wenn sie im Winter von der auswärtigen Arbeit heimkehrten. »Der Fleiß der Hinterländer Frauen ist . . . sprichwörtlich. Bei der Fahrt auf dem Heu- oder Holzwagen, bei Gängen aufs Feld haben sie den Strickstrumpf in der Hand; ja, die Frauen, die Körbe auf dem Kopf tragen, sieht man die Stricknadel mit Emsigkeit handhaben« (Flach, Heßler, Bd. II, S. 192).

Die Beherrschung eines gewissen handarbeitlichen Könnens setzte man auch für die Teilnahme an der Spinnstube voraus. Sie galt als der zentrale gesellschaftliche Ort der »Jungmädchenzeit«, wo sich Mädchen und Burschen treffen konnten, und sie bot die einzige Möglichkeit für die Jugend, sich außerhalb der restriktiven dörflichen Kontrolle zu bewegen.

Solange der Flachs noch selbst angebaut wurde, spannen die Mädchen regelmäßig an den langen Winterabenden zusammen in Gruppen, und zwar abwechselnd bei den einzelnen Teilnehmerinnen. Früher im Breidenbacher Grund wachten die Frauen streng darüber, daß die Mädchen jeden Tag ein bestimmtes Quantum an Flachs versponnen.

Später verlegte man sich aufs Stricken und Sticken, und der Austausch von Mustern, Motiven und die anspornende Anregung durch besonders talentierte Mädchen förderten die Entwicklung der ländlichen Textilkunst, in der weitgehend auf Vorlagen verzichtet wurde.

Zur allabendlichen Spinnstube, eine feste Institution der Winterzeit, legten die Mädchen eine bessere Tracht an (meist die des Sonntagnachmittags); denn die Arbeit stand nicht nur im Vordergrund dieser geselligen Verpflichtung.

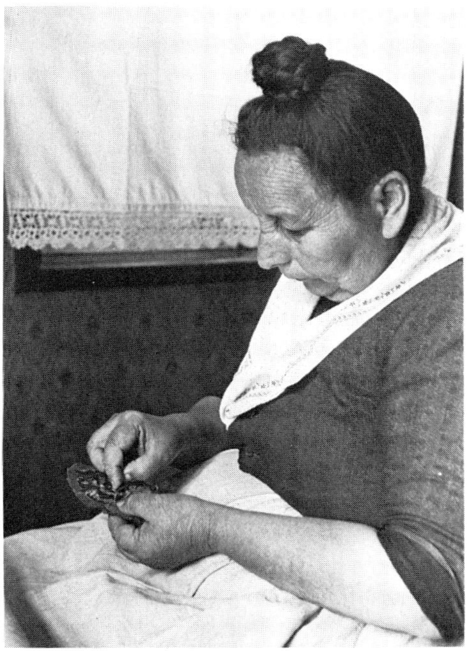

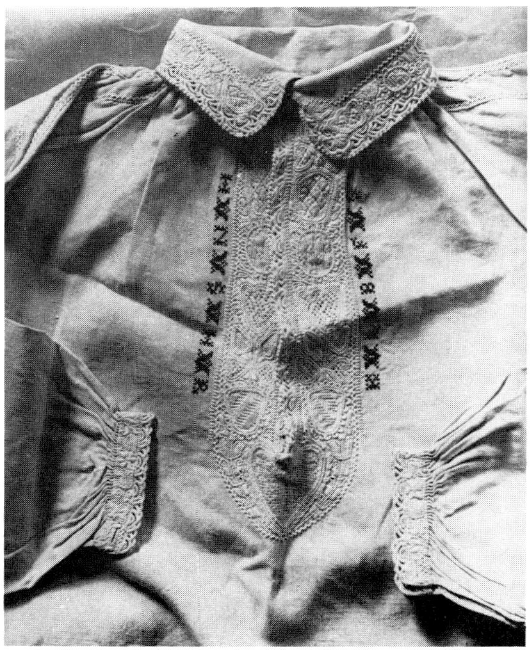

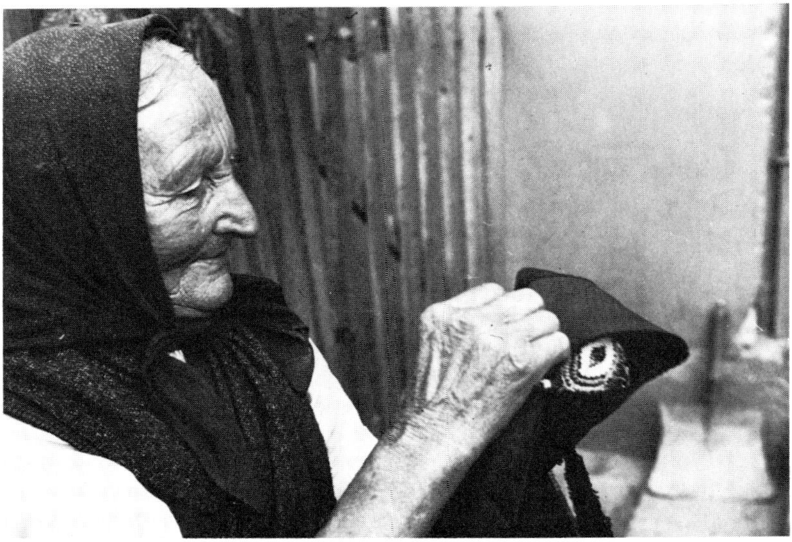

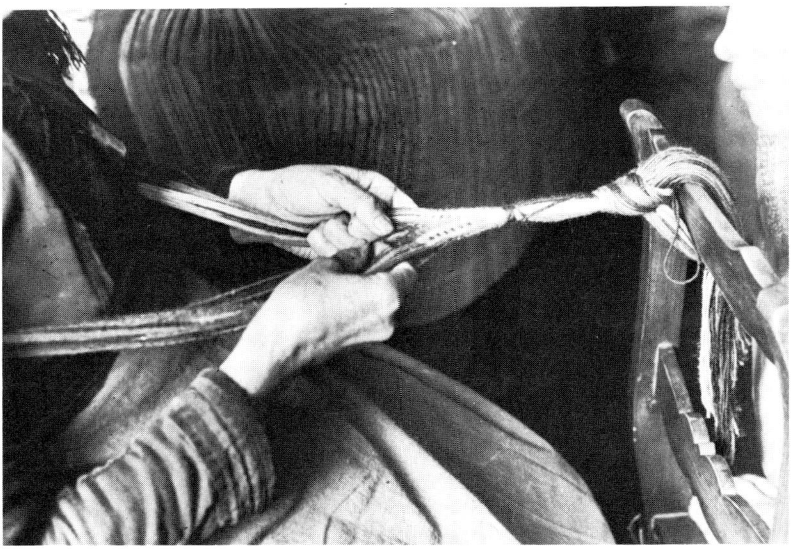

Markt

Die Frauen befaßten sich mit dem Verkauf landwirtschaftlicher Produkte wie Milch, Eier, Käse, Gemüse und auch Blumen. Die Männer regelten alle entscheidenden außerhäuslichen Angelegenheiten wie Viehverkauf und Behördengänge. Der Markttag bot den Frauen willkommene Gelegenheit, einmal die dörfliche Enge zu verlassen und gab ihnen die Möglichkeit zu anderen sozialen Kontakten.

Städte wie Marburg, Gießen und das weiter entfernt liegende Kassel sowie die kleineren Kreisstädte wie Schlitz, Biedenkopf und Ziegenhain hielten Markttage ab.

Eine Besonderheit der Schlitzer Markttage, die an vier Tagen im Jahr stattfanden: »Mittwoch vor Aschermittwoch, ›Wintermarkt‹; Mittwoch vor Pfingsten, ›Pfingstmarkt‹; Mittwoch vor St. Jakobus, (25. 7.), ›Sommermarkt‹ . . .; Mittwoch vor St. Martinus (11. 11.), ›Herbstmarkt‹« (Deibel, S. 31) stellten die Markttänze dar.

Unsere Fotografin hat vor allem den Marburger und den Gießener Markt aufgesucht. Dort traf man, erkenntlich an den Trachten, die Frauen aus den umliegenden und entfernter liegenden Gegenden an: Hinterländer Trachten sind vertreten, die Marburger evangelische und katholische Tracht, die Schlitzer und die Hüttenberger. Den Schwälmern war anscheinend der Anmarschweg zu weit; sie sind hier nicht zu entdecken.

Gutgelaunt bot diese Hüttenbergerin ihre Kohlköpfe an, anscheinend mit mehr Erfolg als ihre verdrießlich dreinblickende Kollegin, auch aus dem Hüttenberg (S. 174 u. S. 179), die wohl vergeblich nach Kunden Ausschau hielt. Inmitten ihrer Körbe sitzend, wartete diese Marktfrau geduldig auf Käufer, und etwas abseits am Rande vertrieb sich eine andere mit Stricken die Zeit. Den weniger professionellen Marktfrauen genügten Körbe, um ihre Waren unterzubringen; wahrscheinlich boten sie nur saisonbedingte Früchte wie Kirschen oder anderes Obst an (S. 190) und kamen nicht so regelmäßig zum Markt.

Ein völlig anderes Bild bot dagegen der Marburger Markt: Wie die Hühner auf der Stange hockten die einzelnen Marktfrauen nebeneinander und hatten neben sich ihre Körbe mit Waren stehen. In dem bunten Gewimmel der zahlreichen Trachtenfrauen nahm sich der Hut mit Federschmuck der Marburger Stadtfrau geradezu exotisch aus. Hier schienen die Städter in der Minderheit zu sein.

Mit großer Neugierde betrachteten die Marktfrauen (in der Mehrzahl evangelische und katholische Marburger Trachten, nach dem Eindruck durch die Fotos zu urteilen) ihre städtischen Kunden. Selbst Kinder und Greise gingen mit auf den Markt (S. 197).

Indessen schien den Alten das Warten etwas lang zu werden, und die Mädchen blickten auch nicht sehr begeistert drein.

Auf jeden Fall war das Nebeneinandersitzen der Unterhaltung sehr förderlich. Es ließ sich außerdem auch Rücken an Rücken sitzen (S. 198) wie diese beiden Marktfrauen. Interessante Neuigkeiten tauschten anscheinend die vier Frauen mit dem Jungen in der Mitte aus (S. 201), die eine hielt sich vor Überraschung die Hand vor den Mund. Mit dem schweren Korb auf dem Kopf fand diese Frau noch Zeit zu einem Schwätzchen (S. 206).

Langeweile schien keine von ihnen zu haben. Wenn die Zeit noch reichte, so unternahm man noch schnell einen kleinen Stadtbummel (S. 211).

In diesem lebhaften Marktgetriebe standen Verkauf und gesprächige Unterhaltung gleichbedeutend nebeneinander, zumindest hat es die Fotografin so dargestellt.

Bestaunt wurden dabei nicht nur die Städter; auch in der spöttischen Beurteilung anderer Trachtenstile kamen eigenwillige Bezeichnungen zustande: »Stülpcher« rief man die Trägerinnen der evangelischen Marburger Tracht, oder »Dickröcke«, so benannt von den Biedenköpfern, und »dicke Klärersch« wegen der aufgebauschten Röcke.

Die Begegnung mit der städtischen Mode hat die Tracht nachhaltig beeinflußt. Nicht nur, daß sie verändernd auf den ländlichen Kleidungsstil einwirkte (wie bei der Marburger evangelischen Tracht der Fall), sondern sie hat insbesondere die allmähliche Aufgabe eigener regionaler Kleidungsformen angeregt.

Galt auch die jeweilige Tracht einerseits eine Zeitlang noch als zusätzliches Gütezeichen für die angebotenen Waren, so wurde doch ihren Trägerinnen andererseits durch ihre Begegnung mit den offenen Verhaltensweisen der Stadt mehr und mehr die Absonderlichkeit ihres Aufzuges bewußt.

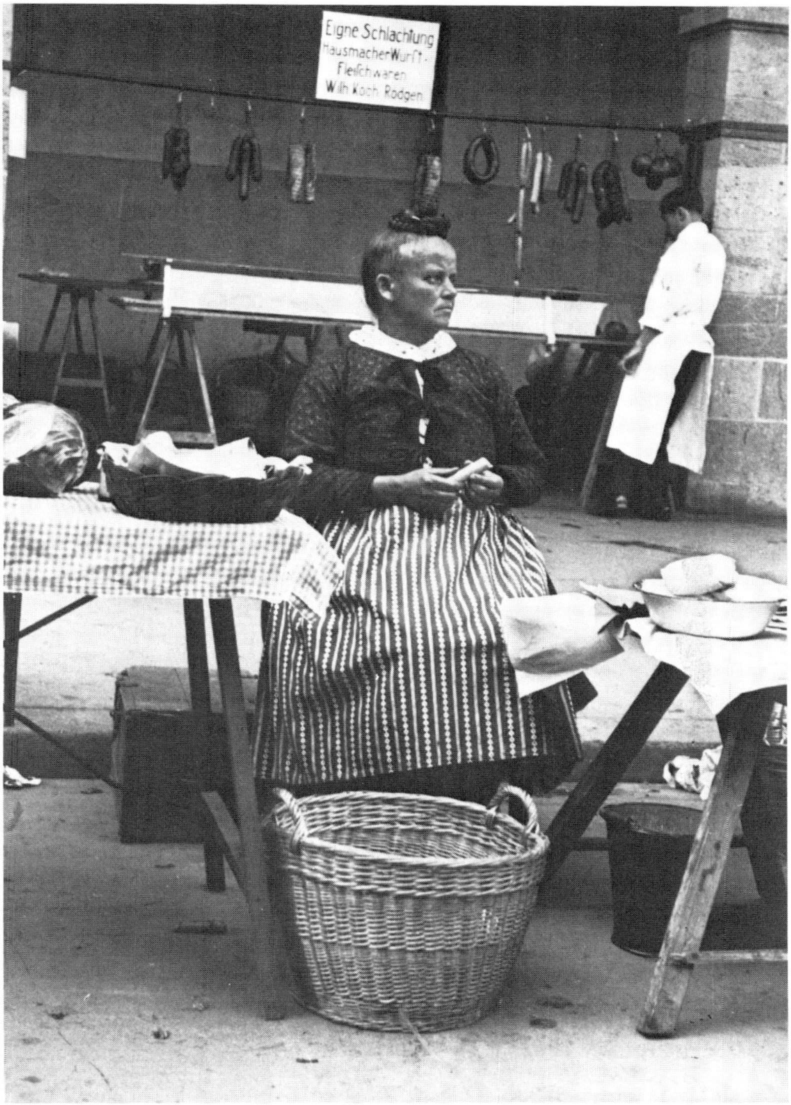
Eigne Schlachtung
HausmacherWurst-
Fleischwaren
Wilh Koch Rodgen

RESI
RESI
RESI

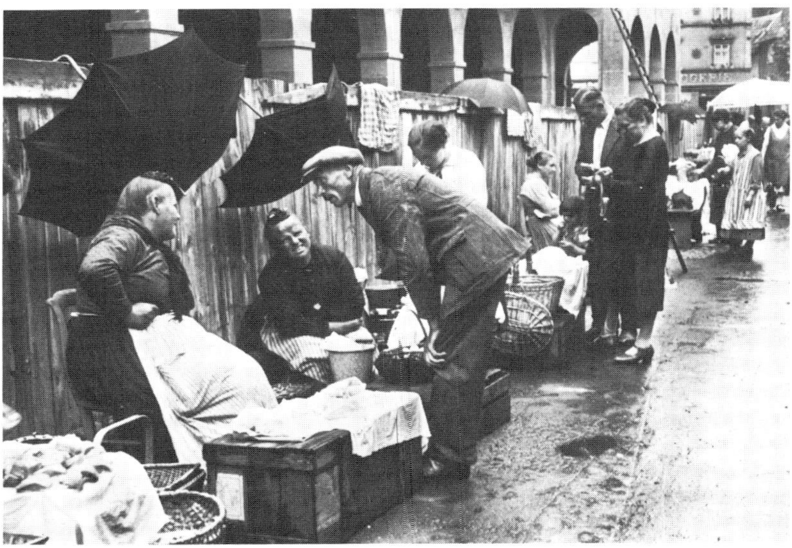

Städtische und ländliche Kleidung stehen sich auf dem Markt gegenüber

RESI
RESI

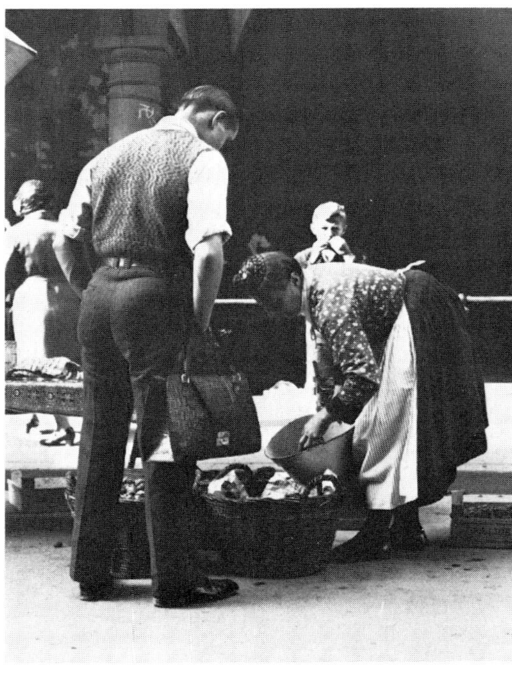

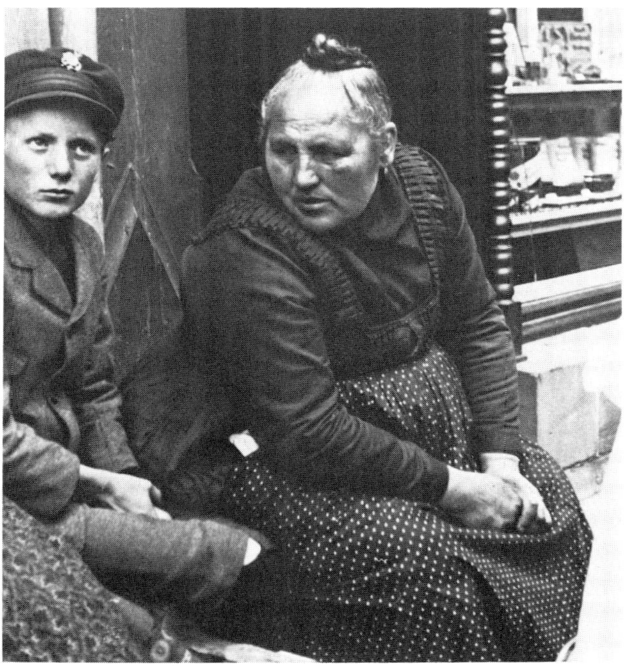

Kurhessische Zentralgenosse

Feiertage und Feste

Die bäuerliche Lebenssphäre wurde streng getrennt in den kirchlichen Brauchkreis und in das profane, d. h. dörfliche Festleben. In der Auswahl der Stoffe und der Farben brachte die Tracht diese Zweiteilung zum Ausdruck.

Beide Sphären gliederten sich nochmals in eine Hierarchie von Festen, der wiederum die Kleidungssitten entsprachen. Für die hohen kirchlichen Feiertage, die »hehren Tage«, wie Weihnachten, Ostern, Pfingsten und Fronleichnam als dem höchsten katholischen Fest, wurde das »Kirchenzeug« zusätzlich geschmückt. Dabei nahm der erste Feiertag die Vorrangstellung ein, am folgenden verhielt man sich im Kleidungsaufwand bereits bescheidener. In der gleichen hierarchischen Reihenfolge verliefen die dörflichen Feste; die Kirmes dauerte sogar mehrere Tage.

Dunkle, fast schwarze Farben verliehen dem Kirchenanzug eine feierliche und ernste Note. Farbigkeit war allgemein verpönt, lediglich mit Weiß durfte die Kirchentracht etwas aufgelockert werden. Der Eingeweihte war jedoch in der Lage, dann noch an der Farbe von Stickerei und Bandbesatz die Altersklassen zu entziffern.

Mit der Bibel und stattlich aufgebauschten Röcken, gleichfalls ein Zeichen besonderer Festlichkeit, schritten die Schwälmerinnen im Gänsemarsch zur Kirche. Mit dem wuchtigen Zweimaster auf dem Kopf und ihrem Kirchenrock standen ihnen die Männer an Feierlichkeit nicht nach (S. 218).

Eine Gruppe von Schwälmer Mädchen in Abendmahlstracht zogen gemeinsam zur Kirche, zum Abendmahl. Auch in Ebsdorf (evangelische Marburger Tracht) hat die Fotografin junge Mädchen beim Abendmahlsgang angetroffen (S. 221); nicht das ganze Dorf nahm das Abendmahl zusammen ein. Strikt nach Altersklassen getrennt, so war es allerorten üblich, und an festgelegten Tagen des Jahres empfingen sie das Abendmahl.

Der erste Abendmahlsgang, die Konfirmation, spielte als Fest eine zentrale Rolle im Leben der Jugendlichen. Mit ihr galten sie als in den Kreis der Erwachsenen aufgenommen, auch wenn sie noch nicht den Status der Verheirateten erreicht hatten. Ab nun trug man in der Kirche zumindest das »grüne Kleid« der Erwachsenen (Schwalm) oder in anderen Gegenden das entsprechende Kleid der erwachsenen Ledigen. Noch im späteren Leben war es für den sozialen Zusammenschluß von Bedeutung, wer mit wem zusammen konfirmiert worden ist.

In der Kirche schließlich nahm man nach Alter und Geschlecht geordnet Platz; in den meisten Fällen bestand folgende Sitzordnung: die Jungen vorne, bis schließlich hinten die Alten den Abschluß bildeten. Die Konfirmanden/innen saßen nochmals auf gesonderten Plätzen. Des öfteren hielt man auch für wohlhabende Bauern eigene Bänke reserviert. So fand das Gliederungsprinzip der agrarischen Welt, die hierarchische Ordnung, selbst im religiösen Bereich Anwendung.

Die Kirchgangstracht wurde und durfte nie für andere Zwecke entfremdet werden. »Es wird heilig gehalten ... So wäre es früher nie einem Mädchen in den Sinn gekommen, das Rosentuch anders als zur Kirche zu tragen« (Ewig, S. 96). Selbst materielle Not konnte die Frauen und Mädchen nicht zu einem derartigen Schritt bewegen. »Selbst den ärmsten Mädchen wäre es nie eingefallen, den prächtigen Faltenrock, den es morgens oder mittags zur Kirche benutzt hatte, abends auch zum Tanzen anzuziehen« (Friebertshäuser, S. 86).

Diese strikte Opposition von religiösem Brauch und profaner Sphäre machte den Kleidungsaufwand noch kostspieliger und erzwang besonders von den Ärmeren erhebliche Geldopfer, um den erforderlichen Kleidungsaufwand zu finanzieren.

Übertroffen wurde das sonntägliche Kirchenkleid in seiner Bedeutung nur noch vom Abendmahlskleid, das anläßlich der Konfirmation zum ersten Mal getragen wurde. Seine hohe rituelle Bedeutung gestattete einen sehr eingeschränkten Gebrauch: nur bei den jeweiligen Abendmahlsgängen der Altersklassen war das Tragen dieses »Werkes« erlaubt.

Beim Abendmahlsgottesdienst

Sonntagnachmittag

Sofort nach dem Kirchenbesuch wurde das »hehre Kirchenzeug« gegen das Sonntagsnachmittagskleid eingetauscht. War die Kirchentracht besonders ernst, so durfte hier in Farben geschwelgt werden. Gerade die jungen heiratsfähigen Mädchen nutzten dies weidlich aus, um sich den Burschen in »stolzer« Tracht zu präsentieren. »An Sonn- und Festtagen zeigte sich das Bild der Tracht von seiner schönsten Seite, in der Sonntagstracht stellte sich gleichsam ihr Idealbild dar. Die Farbigkeit war hier am reichsten, und auch die Ausdrucksmöglichkeiten der verschiedenen Lebensstufen« (Ewig, S. 96). Dieser Eindruck hat viele unwissende Besucher dazu verleitet, den sonntäglichen Anzug als Tracht überhaupt zu definieren.

Die arbeitsfreien Sonntagnachmittage im Sommer wurden von den Jugendlichen wahrgenommen, um draußen auf den Feldwegen spazierenzugehen. (Die zwei jungen Mädchen in der Marburger Tracht vergnügten sich hier ebenfalls beim sommerlichen Spaziergang.) Allerdings galt dies nur für die nachösterliche Zeit, ab Pfingsten fing die Ernteperiode an, wo selbst an Sonntagen mitgeholfen werden mußte.

Kirmes

Das dörfliche Festleben gipfelte in den Kirmestagen, die meistens im Herbst, am Ende der Feldarbeiten, gefeiert wurden (im Ort der katholischen Marburger Tracht, Mardorf, lag der Termin nach Michaelis, 29. September, und in der Schwalm in der ersten Oktoberhälfte).

Es war ebenfalls der Tag, an dem Verwandtenbesuch erwartet wurde und Besucher aus anderen Orten hinzukamen.

Der heiratsfähigen Jugend gab dieses Fest Anlaß zu dem farbenprächtigsten Kleidungsstaat, um beim Tanzen genügend aufzufallen; denn das Tanzvergnügen verband sich mit dem Interesse, mögliche Heiratskandidaten/innen zu finden oder bereits geschlossene Verbindungen nach außen zu manifestieren. Den verheirateten Frauen und Männern blieb das Tanzen untersagt. Doch wurden sie in den allgemeinen Festablauf einbezogen.

Die Vorbereitungen für diese außerordentliche Festzeit wurden mit großem Aufwand betrieben. Vor dem Backhaus herrschte lebhafter Andrang, um all die notwendigen Kuchen backen zu können. »Die Familien laden wochenlang vor der Kirmes die Verwandten aus den Nachbardörfern ein. Kurz vor dem Fest waschen die Mädchen am Bach der Gemeindewiese ihre weißen Baumwollstrümpfe. Die jüngsten Kirmestänzerinnen haben sich mit dem Schneider zu besprechen. Andere arbeiten sich häufig selbst ein leichtes Sommerhalstuch aus Battist oder Waschseide« (Hain, S. 33). Um die ganzen festlichen Vorkehrungen rankten sich eine Reihe von Bräuchen, die den Teilnehmenden sicherlich ebenso viel Vergnügen bereiteten wie das Fest selbst. Dazu gehörte auch das Ausschmücken des Dorfes. »Am Samstagnachmittag kommen die Mädchen zusammen und binden unter Scherzen und Singen aus dem Grün, das die Burschen herangeschafft haben, Girlanden und Kränze für den Kirmesbaum. Am Abend richten dann die Burschen vor den beiden größeren Wirtschaften des Ortes, in denen am nächsten Tag Tanz ist, den Kirmesbaum auf: einen hohen Pfahl, an dem übereinander zwei gleich große Kränze hängen mit bunten Papierbändern und ›Sacktüchern‹ geschmückt« (Ewig, S. 99). Die Kirmes dauerte über mehrere Tage, und am Ende wurde sie von der Jugend feierlich »begraben«.

In der Kleidung unterschieden die Mädchen genau zwischen dem ersten und dem zweiten Kirmestag. Am ersten erschienen sie in ihrer besten Kirmestracht, am zweiten gingen sie schon zu einfacherer Kleidung über, bis die »Nachkirmes« (so in der Gegend der Marburger evangelischen Tracht) mit ganz schlichter Kleidung den Festkreis beendete.

Am ersten Tag kamen die Mardorferinnen mit dem grünen Rock, und am folgenden Tag fielen sie mit einem roten Rock auf, zu dem sie eine weiße Leinenschürze mit Samtspitze und weiße Baumwollstrümpfe trugen.

An den weißen Halstüchern, der weißen Schürze aus Bielefelder Leinen erkannte man den Kirmesanzug der Breidenbacherinnen, die so zur Kirmes im eigenen Dorf aufbrachen. »Ging man auf die Kirmes des Nachbardorfes, so trug man blaue Schürzen und ein gestricktes Wams« (Ewig, S. 100). Mit der Kleidung bekundeten sie die Zugehörigkeit zu ihrem Dorf. Dieser rechtliche Abgrenzungsgedanke lag wahrscheinlich auch den Prügeleien zugrunde, die mit den Burschen des Nachbardorfes manchmal anschließend stattfanden.

In bezug auf das eigene Dorf jedoch wollte man auffallen. Die reichsten Mädchen protzten mit dem wertvollsten Zubehör wie kostspieligem Bandbesatz an den Röcken und anderen Accessoires, oder sie erschienen wie z. B. die Schwälmerinnen mit einer erdrückenden Anzahl von Röcken, bis zu sechzehn an der Zahl bei reichen Bauerstöchtern, die zusätzlich noch den Wohlstand ihrer Trägerinnen durch doppelt oder dreifach »geschlangten« Bandbesatz hervorhoben. Die Länge der Stickerei an den Kappenschnüren, an den verzierten Strumpfbändern und die prunkvollen Tanzecken bezeugten gleichfalls den Reichtum. Das entsprach einer Zurschaustellung für Heiratszwecke.

Die Tracht der Burschen war zwar ähnlich festlich gestaltet, doch kamen in ihr die Unterschiede nicht so zur Geltung. Zum Repräsentant bäuerlichen Besitzdenkens war die Frau ausersehen.

Was die Dauer der Kirmes und die Prachtentfaltung anbelangte, so betrieben die Schwälmer den größten Aufwand.

Eine Schwälmer Kirmes hat unsere Fotografin hier besucht, die zahlreichen Randszenen mit der Kamera eingefangen und hat uns damit einen kleinen, aber aufschlußreichen Bildausschnitt vermittelt.

Schon am Nachmittag versammelten sich Burschen und Mädchen auf dem Festplatz. Die Mädchen erwarteten mit aufgebauschten Röcken, eins »stolzer« als das andere, die Eröffnung des Tanzes. Eigens für die Kirmes bestellte Platzburschen sorgten als Ordner für einen ungestörten und reibungslosen Ablauf und wachten darüber, daß keines der Mädchen als »Mauerblümchen« sitzenblieb.

Tags zuvor hatten sie bereits aus der Stadt Schnaps und Bier herangeschafft. Jung und Alt nahmen, wie man hier sehen kann, an den Kirmesvergnügungen teil. Gab es Umzüge, wie wohl hier der Fall (S. 250), marschierten Männer und Frauen in Reih und Glied mit. Vermutlich handelte es sich schon hier um folkloristisch geprägte Feste, die von den Nationalsozialisten damals gefördert wurden.

Selbst junge Mütter mit Babies erschienen auf dem Festplatz, dabei kamen ihnen die praktischen Vorzüge des Schwälmer Tragetuches zustatten (S. 247). Man traf Verwandte, Bekannte und Städter, doch letztere in respektvollem gegenseitigem Abstand (S. 245). Auch die Kleinsten, sobald sie nur laufen konnten, sah man als eifrige und, wie es schien, sehr vergnügte Festbesucher (S. 249). Einen musikalischen Beitrag mit der Trompete leistete der kleine Schwälmer in seiner Kitteltracht (S. 244).

Das Tanzen selber galt selbstverständlich als festlicher Höhepunkt und als bevorzugtes Vergnügen der heiratsfähigen Jugend. Bei dieser Kirmes hatte man sogar eigens eine Plattform aufgebaut. Leute in städtischer Kleidung (Städter?) schwangen neben den Schwälmern ihr Tanzbein. Ob sie dann allerdings beim berühmten »Schwälmer« die gleiche gute Figur machten, wie die mit ihren voluminösen, glitzernden Röcken hin und her schwingenden Schwälmerinnen, ist fraglich.

Prozessionen

Ein augenfälliges Abgrenzungsmerkmal der Marburger katholischen Tracht bestand seit jeher in ihrer einzigartigen Farbenpracht, die vornehmlich in der Fronleichnamsprozession zur vollen Entfaltung kam. Fronleichnam, eines der höchsten Feste innerhalb der katholischen Festhierarchie, fand in den schon warmen und blühenden Monaten Mai und Juni statt. Das ganze Dorf wurde für diesen einmaligen Anlaß festlich ausgeschmückt: Birken säumten die Straßen, und jede Familie wetteiferte darin, den schönsten Hausaltar aufzubauen. Mächtige Blumenpforten markierten die einzelnen Haltestellen, wo der Pfarrer mit dem »Allerheiligsten« seinen Segen erteilte.

Jung und Alt schlossen sich der Prozession an und zogen hinter dem Pfarrer in festgelegter Ordnung durchs Dorf. Die weiblichen Erstkommunikanten, in der feierlichen Tracht der »Ersten Kommunion« mit einem Blumenkränzchen auf dem Kopf dekoriert, genossen das Vorrecht, neben dem Pfarrer mit dem »Allerheiligsten« an der Prozessionsspitze herschreiten zu dürfen. Gegliedert nach Altersklassen und Geschlecht schloß sich die Dorfbevölkerung der Prozession an. Eine kleine Gruppe von Erstkommunikantinnen hat auch die Fotografin aufgenommen. Neben deren zierlichen Kränzchen nahmen sich die Kopftücher der drei kleinen Prozessionsteilnehmerinnen sehr bescheiden aus (S. 265). Junge und alte Frauen trugen den Kopf bei kirchlichen Veranstaltungen meistens verhüllt. Auch die Jüngste blieb nicht davon ausgenommen. Es bestand die stillschweigende Abmachung, daß zu diesem Tag die beste Tracht und damit auch die farbenschönste angelegt wurde. In ihrer farbenprächtigen Rückenansicht, wo besonders die Bänder der Halstücher (sie wurden unter dem Schürzenband durchgesteckt) in leuchtenden Farben prangten, sind sie der Fotografin speziell aufgefallen (S. 252).

Diente doch auch die Prozession der unausgesprochenen Absicht, der umliegenden protestantischen Bevölkerung die Standhaftigkeit des katholischen Glaubens zu demonstrieren.

Prozessionen stellten auch einen wesentlichen Bestandteil der katholischen Osterzeit dar. Bittprozessionen wie diese hier auf den Feldern (S. 255) unternahm man in der frommen Absicht, den göttlichen Segen für die Natur und für eine gute Ernte zu erwirken.

Erstkommunikantinnen und
andere Mädchen in der Marburger katholischen Tracht

Hochzeit

Als Kulminations- und Wendepunkt zugleich beging die ländliche Bevölkerung die Hochzeit. Ein neuer Lebensabschnitt begann, ein alter (der der Jugend) wurde abgeschlossen. Die Farbgebung der Tracht drückte diesen Schnittpunkt sinnbildhaft aus: ab der Heirat galten maßvolle, ja dunkle Farbtöne, die schließlich im hohen Alter ganz in Schwarz übergingen.

Neben der freudigen Stimmung des Neubeginns hieß es auch Abschied nehmen aus dem Kreis der Jugendlichen, die beim Hochzeitszug den Brautleuten das Geleit gaben.

Vom Haus holte der Hochzeitszug mit den kleinen Brautmädchen an der Spitze die Brautleute ab und geleitete sie feierlich zur Kirche (S. 271): Schwälmer Brautleute und Marburger evangelische Tracht in Ebsdorf (S. 279). Mit einer wuchtigen Brautkrone auf dem Kopf und ihrer festlichsten Kleidung – einzig der Abendmahlsrock konnte hierfür in Frage kommen –, mit einem üppigen Blumenschmuck im Arm, schritt die Braut neben dem Bräutigam zur Kirche. Zylinder und feiner städtischer Anzug mit einem Blumensträußchen am Revers hoben ihn aus den anwesenden Hochzeitsgästen hervor. In früheren Zeiten besaß auch der Bräutigam einen eigenen Brautschmuck.

In allen Trachtengegenden Hessens trug die Braut einen besonderen Kopfputz, der ihre bräutliche Sonderstellung allen weithin sichtbar machte (S. 266, S. 278 und S. 284). Überall prägten bestimmte und typische Zutaten den Brautanzug auf ihre Weise.

Dies galt in besonderem Maße für die Schwälmer Brauttracht. Nicht nur, daß noch der Bräutigam den traditionellen Kopfputz »die Lust« trug, deren Blumenschmuck den Kopf überdimensional überragte, wie S. 266 verdeutlicht, sondern vor allem die Braut prunkte in einem eigenwilligen Festtagsputz, dem »Geschappel«. »Die banddurchflochtenen Zöpfe mußten dazu mit Haarnadeln und Schnüren in das ›Schappel‹ geordnet und gezwängt werden, ein stoffumwundenes, rundes, kronenartiges Pappgestell. Das ist ein sehr altes Kostüm-Element, dessen Geschichte sich bis ins Mittelalter zurückverfolgen läßt: ›Schapellekin‹ der vornehmen Damen, Krone und Kranz in der damaligen Frauen- und Männermode, wie es schon Walther von der Vogelweide besang. Die Näherin überdeckte das ›Schappel‹ mit Bändergesteck und ›Brautlust‹« (Weber-Kellermann/Stolle, Volksleben, S. 52).

Stunden dauerte die Ankleideprozedur einer Schwälmer Braut, die nur unter tätiger Mithilfe einer »Nähterschen« bewerkstelligt werden konnte. Sie allein kannte die Reihenfolge der Zutaten, die mit Stecknadeln befestigt wurden, war mit den dörflichen Kleidungssitten bis in Detail vertraut und wußte daher der Braut die entsprechenden und unentbehrlichen Etikettenregeln beizubringen. Sie besorgte auch die »Einbretterung« von Hinterkopf und Rücken und steckte vorne die »Bruststecker« an.

In steifer und aufrechter Haltung, hinten und vorne eingepanzert, schritt dann die Schwälmer Braut im Geleit zahlreicher Hochzeitsgäste zur Kirche; hierfür wurden selbst die ganz Kleinen schon festlich ausgestattet, und stellten sie die kleinen Brautmädchen, so wurden sie ebenfalls in die »Verbretterung« gesteckt. Die Brautjungfern waren ähnlich wie die Braut dekoriert, doch mit weniger Aufwand. Aber auch sie mußten sich in die enge »Verbretterung« zwängen. Wie so häufig trug die reichste Braut das »stolzeste Geschappel« und die meisten Röcke mit dem schönsten Bänderbesatz, was jedes Mal wieder das Staunen und die Bewunderung der zuschauenden Dorfbevölkerung hervorrief; denn die Hochzeit stellte gleichzeitig eine großartige Zurschaustellung bäuerlichen Besitzdenkens dar. Das »Geschappel« konnten sich übrigens nur die »Bauerstöchter« leisten, einfach Gestellte liehen sich den Hochzeitsschmuck bei den Reichen aus.

Im Geschappel befanden sich zwei kleine Figuren, Adam und Eva, die den künftigen und sehr erwünschten Kindersegen symbolisieren sollten. Fehlten sie, so hieß dies, daß dieser bereits unterwegs war: »Sie trägt sie schon im Bauch«, oder das Geschappel entfiel, dann hieß es: »Sie trägt das Geschappel schon unter der Schürze«. Keinesfalls bedeutete dies eine humorvolle Kommentierung, sondern begleitete eine Reihe anderer, vor allem kirchlicher Sanktionen, die dieses nicht »ehrbare« Brautpaar bestrafen sollten; denn ein Überschreiten der dörflichen Moral durfte nicht ungeahndet bleiben. »Daher erscheinen sie nach dem Gottesdienst in gewöhnlicher Sonntagstracht zur Kopulation in der Kirche. Barwelies trägt eine schwarze Betzel und darüber wohl (. . .) ein krämerdutenartiges Gebilde mit stumpfer Spitze aus stahlblauem Mull (›Ziehhaube‹). Daher die Bezeichnung ›Ziehhaubshochzeit‹ für diese Art der Hochzeit« (J. H. Schwalm, Die Schwälmer Tracht im Wechsel . . ., S. 143).

Noch während der Dauer der Hochzeitsfeierlichkeiten zog die Braut sich um: sie legte das »grüne Kleid« der Verheirateten an, das sie ab nun ständig tragen sollte. Der Abschied von der Jugend galt damit als endgültig vollzogen.

Wesentlicher Bestandteil des Hochzeitsbrauches stellte die Präsentation der Aussteuer dar. Ein eigener Packwagen, genannt »Kammerwagen« in der Schwalm, kam beladen mit Bettwäsche, Körben, Kissen, Arbeitsgeräten und dem gesamten Kleidungsvorrat der jungen, neu eingeheirateten Frau ins Dorf, angeführt von dem Kammerreiter, der hoch zu Roß den Wagen anführte (S. 274 und 275). An die wartende Dorfbevölkerung, die die Straßen säumte, mußten die Begleiter des Aussteuerwagens einen symbolischen Wegzoll entrichten.

Noch Tage später ließ die junge Frau Nachbarn und Freunde ihre zahlreichen Aussteuerstücke bewundern, die sie sorgfältig vor den Truhen ausgebreitet hatte.

Zu einer vollständigen Aussteuer gehörte ein kompletter Kleidungsstaat, der die junge Frau bis ins hohe Alter für Generationen später noch und für alle denkbaren Anlässe mit den notwendigen Kleidungsstücken eindeckte. Sie wurden deutlich sichtbar, wie es das Foto zeigt, am Wagen aufgehangen, damit der prächtige Staat auch ausreichend bewundert werden konnte. Für eine Zeitlang hatte dann das Dorf genügend Gesprächsstoff.

Die Truhen und Schränke waren angefüllt mit den vielen Sachen. »Da quillt aus den Schranktüren ein Farbgewoge von Röcken, die an Haken aufgehängt sind. Es sind wohl dreißig bis vierzig in der gleichen Machart . . . In den vordersten Reihen des Schrankes hängt eine reiche Auswahl verschiedenartiger Röcke, . . . Die Seitenfächer des Schrankes bergen den übrigen Staat. Da sind zunächst zwanzig bis dreißig Motzen nach genau demselben Schnitt . . . Ein anderes Fach enthält zahlreiche Leibchen aus Seide, Sammt, Tuch und Baumwolle« (Hain, S. 44).

Wie immer muß auch an dieser Stelle einschränkend bemerkt werden, daß ein solcher Luxus nur bei wohlhabenden Bauern denkbar war. Die anderen, weniger wohlhabenden, gestalteten notgedrungen die Feierlichkeiten in einem anspruchsloseren Rahmen, die zeremonielle Grundstruktur wurde jedoch bewahrt.

»Geschappelte« Braut und Brautmädchen in »Hessentracht«

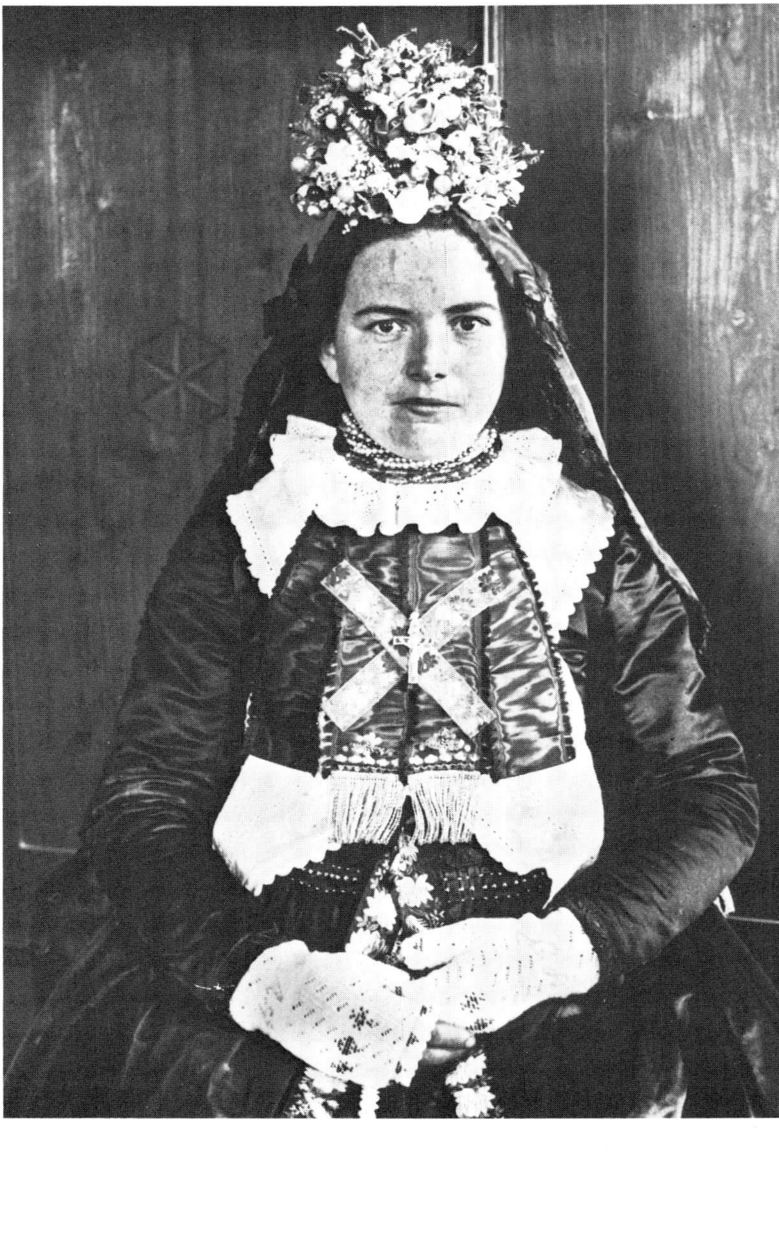

Begräbnis

Der Tod eines Angehörigen unterbrach im Familienkreis, einschließlich der entfernteren Verwandtschaft, für eine gewisse Dauer den gewohnten Lebensrhythmus. Strenge Trauerregeln sonderten die Angehörigen durch schwarze Kleidung über zwei bis drei Jahre aus der Gemeinschaft der Dorfbewohner aus. Bis ins Detail geregelte Trauervorschriften sahen insbesondere für die nächsten Verwandten tiefschwarze Kleidung vor, die erst in der sog. Zeit der »Abtrauer« durch glänzend schwarze Stoffe (»Stolze Kleidung«) ersetzt wurden. Dann allmählich wurde zu der üblichen Kleidung, d. h. entsprechend der Altersklasse übergeleitet.

Die Vorschriften betrafen jung und alt gleichermaßen. Ab der ersten Tracht betrachtete man die »Kleinen« als in den Trauerkreis mit einbezogen. Ältere Frauen, nach dieser Ordnung zu strengem Schwarz verpflichtet, kamen, wenn mehrere Todesfälle zusammentrafen, überhaupt nicht mehr aus ihrem schwarzen »Zeug« heraus.

Die übrige Dorfbevölkerung nahm in größerem Maße als heute üblich Anteil am Tode eines Dorfbewohners. Das Gemeinschaftsgefühl war in diesem Bereich besonders ausgeprägt. Als Beispiel besonders intensiver Anteilnahme sei hier die Schwalm erwähnt: während der Dauer des ersten und zweiten Weltkrieges herrschte mit der Mitteilung über den ersten gefallenen Dorfbewohner Landestrauer.

Junge Mädchen, die in dieser Zeit ihre Jugend verlebten, lernten daher niemals die »rote Tracht« (Tracht der Jugend) kennen. Ebenso mußten alle auf so beliebte Vergnügungen, wie die Schwälmer Kirmes, verzichten.

Besondere Trachtenformen, wie das früher in Hessen in vielfachen Variationen vorkommende Trauermäntelchen – in der Schwalm noch bis in die 30er Jahre getragen –, betonten die düstere Feierlichkeit der Abschiedszeremonie. Vor etlichen Jahren verhüllte das Trauermäntelchen gar in der Marburger katholischen Tracht das ganze Gesicht. Und im Amte Biedenkopf schlug man den Trauermantel über den Kopf, über eine breite weißleinene Haube, die mit einem weißen Tuch umschlungen war. Kennzeichen der Schlitzer Trauertracht war das große weiße Trauertuch (S. 295), das hinten in den Rücken hinunterhing.

Nicht alle Dorfbewohner mußten den Toten zu Grabe geleiten. Doch geboten Anstand und Sitte, daß zumindest die gesammelte Verwandtschaft und die Nachbarschaft dem Toten die letzten Ehren erwiesen. Desgleichen galt auch für die Altersgenossen (Schuljahrgänge und gemeinsame Konfirmation).

Die Nachbarschaft trauerte nicht nur mit, sondern leistete aktive Hilfe im Hause des Verstorbenen: »Auch an Trauerfällen der Nachbarschaft nimmt man Anteil. Wer ins Trauerhaus geht, um den Verstorbenen noch einmal zu sehen, zieht ein dunkles Wams und eine schwarze Schürze an. Dabei nimmt man stets als Spende für das Trauerhaus ein Töpfchen Milch mit. Der Gang ins Trauerhaus wird daher geradezu bezeichnet als ›Milche Traan‹. Auch hilft man den Nachbarsleuten bei den Vorbereitungen für den Leichenschmaus, vor allem beim Kuchenbacken« (Ewig, S. 94).

Dem Toten selbst wandte man besondere Aufmerksamkeit in der ihm zukommenden Ausstattung zu. Verheiratete Frauen und Männer wurden in ihrem Totenhemd in den Sarg gebettet. Bei den Frauen war dieses Hemd schon Teil der Aussteuer. Ledige hingegen schmückte man mit dem bräutlichen Schmuck. In der Gestaltung ihres Totenzuges wurde die Hochzeit symbolisch nachgeholt. »Nicht nur der Tote selbst wird mit dem bräutlichen Kranz, dem Zeichen der Jungfräulichkeit, geschmückt. Seine Leiche begleiten sechs oder acht Brautmädchen. Ihre bunte Erstkommunionstracht mit Kranz und Bändern ist die vorgeschriebene Kleidung des festlichen Brautzugs. Nur meidet man Rot und hält sich an Grün und Blau« (Hain, S. 63).

Ähnliche Bräuche betonten auch anderswo die Verbindung von Hochzeits- und Totenbrauchtum bei jungen Ledig-Verstorbenen. »Zuweilen wurde die Brautkrone zur Totenkrone, indem man sie der verstorbenen Jungfrau oder einem Jüngling als Sinnbild der Reinheit mitgab. In der Schwalm (desgleichen bis vor etlichen Jahren im Hüttenberg) legt man noch heute dem verstorbenen Kind die Brautkrone um die Stirn, die ›Lust‹ (= Brautschmuck) des Vaters auf die Brust« (Spamer, S. 64).

Als hessische Besonderheit bleibt die Totenkrone zu erwähnen, die den Toten mitgegeben wurde. (In der Schwalm bis zu Anfang dieses Jahrhunderts bis zu zwei Dutzend.)

Der Begräbnisgang verlief in festgelegter Ordnung: »Hinter dem Sarg schreiten die männlichen Verwandten des Verstorbenen, einer hinter dem anderen. Die Reihenfolge richtet sich nach dem Grad der Verwandtschaft mit dem Toten. Zunächst folgen Vater und Brüder, dann die Brüder väterlicher- und mütterlicherseits . . . . Im Mardorfer Trauerzug (Marburger katholische Tracht) folgt den einzelgehenden Leidtragenden die große Gruppe der übrigen Männer in Viererreihen. Dann erst schließen sich die weiblichen Verwandten des Toten an. Auch sie gehen einzeln hintereinander dem Verwandtschaftsverhältnis zum Verstorbenen entsprechend« (Hain, S. 63).

Die hier vorgestellten Bilder zeigen einen ähnlichen Trauerzug in der Schwalm: Männer und Frauen, in Gruppen getrennt und in der vorherbeschriebenen Reihenfolge folgten der Bahre. Unter ihnen schritten zwei junge Mädchen im »Abendmahlszeug«. Der feierliche Zweimaster der Männer war schon vielfach von dem städtischen Zylinder abgelöst worden. Doch traditionelle Trauerkleidung ließ sich vor allem noch bei den Frauen feststellen. Mit Gesängen des Kirchenchores wurde der Tote vom Hause abgeholt und zur Kirche und zum Friedhof geleitet, oder wie dieses Foto (S. 294) anzudeuten schien, von Pfarrer und Trauergemeinde empfangen.

Die schönen gemeißelten Grabsteine legten Zeugnis ab über das häufig hohe Alter und die weitverzweigten Familienbeziehungen der Verstorbenen (S. 299).

Man denkt an einen Zug von Klosterfrauen, wenn man den Trauerzug dieser Trachtenfrauen der Marburger evangelischen Tracht erblickt, die mit leicht vorgebeugtem Kopf, eine typische Haltung in dieser Situation, hintereinander zur Kirche zogen. Selbst die heitere Sommerlandschaft

konnte den düster-feierlichen Eindruck dieses Trauerzuges nicht verdrängen.

Insbesondere die Trauerkleidung und die mit ihr verbundenen Rituale bekundeten die tiefe Verwurzelung dörflichen Brauchtums im religiösen Bereich, der die Welt der ländlichen Bevölkerung entscheidend mitgestaltet hat.

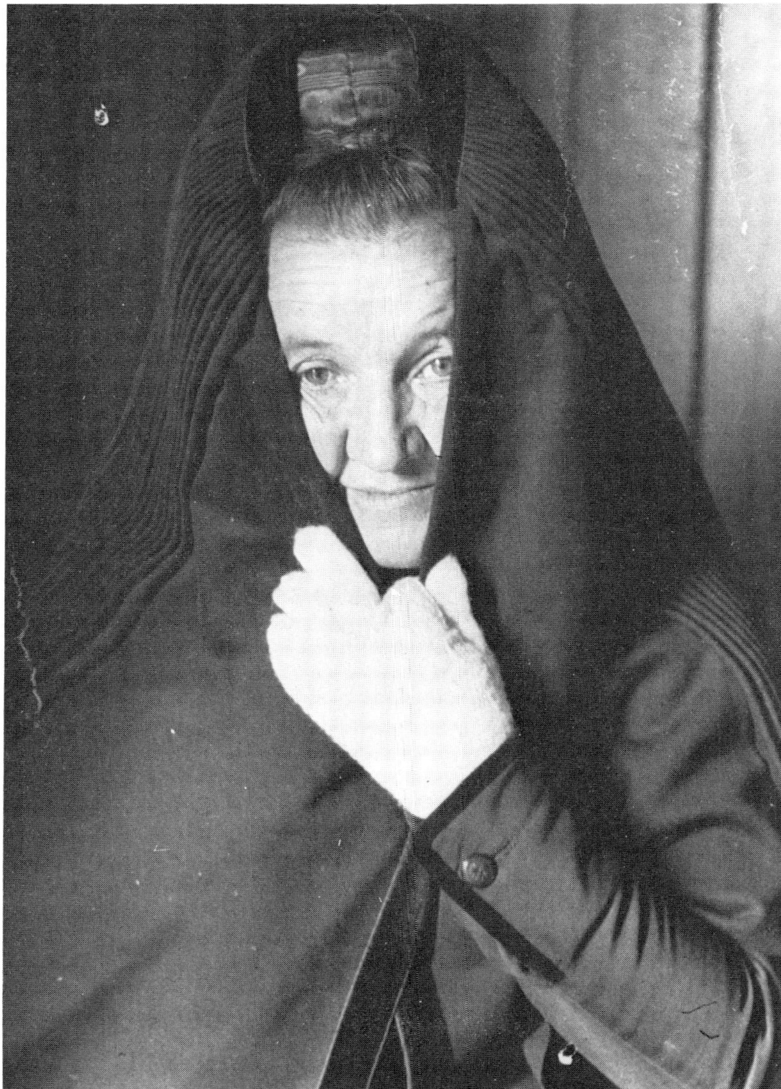

Worterklärungen

Ämtertrachten: die beiden Frauentrachten der ehemaligen Ämter Biedenkopf und Blankenstein im Hinterland

Äppelchen: Äpfelchen, Wollkugelauszierung am Seelenwärmer der Schlitzerländer Tracht

Ärmelding: Schwälmer Burschenjacke

Anzug: die vollständige Tracht, auch Rock und Motzen von entsprechender Farbe

Bechhäuble: Haube der Odenwälder Tracht im Winterhauch

Beiderwand: mundartlich Bärwel, Bärwer; Gewebe aus leinener Kette und wollenem Schuß

Bennelschuhe: gebundene Schuhe im Gegensatz zu den Schnallenschuhen

Betzel: Bezeichnung für die Haube in einigen hessischen Trachtengebieten, meist in der Frauentracht

Betzelschnür: die Kinnbänder der Schwälmer Frauenhaube

Brammütze: Burschenmütze aus Fell und Samt mit Goldlitzen

Brett: der steif aufgesteckte Bänderschmuck der Schwälmer Braut- und Brautmädchentracht, im Nacken getragen

Brustlappen: rote Schwälmer Burschenweste

Bruststecker: häufig reich mit Stickerei ausgezierte, mit Pappe versteifte Stütze der Brust im Leibchen- oder Motzenausschnitt

Büffel: grober, roter oder blauer Stoff für den Unterrock, häufig auch der Rock selbst

Dellmutsche: Haube der Biedenkopfer Frauentracht, von der Form herrührend: eine mit einer Delle, Vertiefung, versehene Mütze

Dreimaster: der dreiseitig aufgeschlagene breitkrempige Männerhut

Duttenkragen: ein Kragen der Schlitzerländer Tracht

Frisur: gekräuselter, gefalteter oder gekniffter Stoffbesatzstreifen um den Motzenausschnitt, »gezogen« oder »geknippt«

geschlangter Rock: Schwälmer Rock mit Besatz in Form einer Schlangenlinie

gewässertes Band: Bezeichnung für das streifig schimmernde Moiréseidenband

Glockekapp: Männer- und Burschenmütze aus weißem oder blauem Baumwollgewebe mit blauen, schwarzen oder weißen Mustern

Guimpe: Soutachebesatz, auch auf Maschinenspitze und Perlenbesatz übertragen

Gupf: plissierter Haubenboden des Odenwälder Kommodchens

Halskoller: von franz. collier; Kragen, zumeist gestärkt und bestickt; auch Killer, Keller

Hessebennel: auch Hosenbennel; die Strumpfbänder, bei manchen Frauentrachten mit kurzem Rock (Schwalm, Hinterland) sichtbar, aus bunter Wolle oder Stikkerei

Hessentracht: umgangssprachl. Bezeichnung für die Marburger evangelische Tracht

Kamisol: kürzerer Männerrock; in der Schwalm der blaue Kirchenrock

Kapp: Bezeichnung für die Haube in manchen Trachtengebieten

Karnette: ausgesteiftes Häubchen der Odenwälder Tracht, sonst auch für andere Haubenformen (Niederhessen)

Ketzekapp: schniepenförmige Unterhaube aus weißem Leinen mit schwarzer Spitze zur Abendmahlstracht der Schwälmer Frauen

Kiwwelche: die reich bestickte, tellerförmige Frauenhaube der Breidenbacher Tracht

Kneppding: das Schwälmer Knöpfleibchen; in Abgrenzung zum älteren Schnürleibchen

Kommodchen: lose gefälteltes weißes Häubchen der Odenwälder Tracht

Kommodschuhe: weitausgeschnittene, bequeme Frauenschuhe aus Samt, Stramin oder Leder zur besseren Tracht

Kräuselrock: fein gefältelter Rock der niederhessischen Tracht

Lust: die ähnlich der Schappel ausgestaltete Hutzier des Schwälmer Bräutigams

Mainzer Haube: Haubenformen der katholischen Trachten in ehemals kurmainzischen Enklaven

Maratze: Haube der Hüttenberger Tracht mit doppelt gelegtem Haubenband

Mitsche: Haube im Eisenhäuser Gericht, wie Mutsche, von Mütze, aus dem mittellateinischen almusium, Chorkappe

Moiréband: feines Halbseidenband zu den Kinnbändern der Hauben, zu den Festtrachten oft »gewässert« und mit Spitzenbesatz

Motzen: Jacke der Frauentrachten, nach franz. aumusse, auch Mutzen

Mutsche: Haube der Biedenkopfer Tracht, auch Dellmutsche, von Mütze, mittellatein. almusium, Chorkappe

Platten: Schwälmer Strumpfbänder mit Stickerei

Quästen: die Seidenbänder der Brautkrone in der Marburger katholischen Tracht

Rosenäppelband: »geäppeltes«, mit Rosenmuster gewebtes Moiréband

Rosenröckchen: Schwälmer Kinderkleid aus Wollmusselin mit rotem oder grünem Blumenmuster auf grünem bzw. rotem Grund

Schappel: die Brautkrone bes. der Schwälmer Tracht

Schleier: breite, reich ausgestickte Überhaube der Marburger evangelischen Tracht mit im Nacken herabfallender Schleife

Schleier: weißes Trauertuch der Schlitzerländer Tracht

Schlothaube: Obernburger Haube der Odenwälder Tracht mit hochgestellter Form

Schlupp: mundartliche Bezeichnung für Schleife, zumeist die Schleife der Kinnbänder

Schnallenschuh: Schuh mit Lederohren und Metallschnalle, meist Messing

Schnatz: Haarfrisur, Haarnest, Knoten; aufgesteckte Zöpfe, die häufig von der Haube bedeckt wurden

Schneppekapp: die schwarze Blankensteiner Haube, Schniepenkappe; von dem tief in die Stirn gezogenen Haubenmittelteil

Seelenwärmer: über der Brust gekreuztes, im Rücken gebundenes Brusttuch

Sperrock: ausgestellter Rock der Schlitzerländer Tracht

Spitzbetzel: hohe, spitz zulaufende Haube in Niederhessen

Stauchen: gehäkelte Halbhandschuhe ohne Finger; ausgestickt zur festlichen Tracht

Stirnkappe: Bezeichnung für die weiße Ziehhaube der Marburger evangelischen Tracht zum Abendmahl

Stülpchen: eine Bezeichnung für die Haube der Marburger evangelischen Tracht

Tanzecken: die auf Pappschablonen mit reicher Stickerei und Pailletten versehenen quadratischen Zierstücke an den Schürzenecken der Schwälmer Tanztracht

Trauermäntelchen: schweres, plissiertes Trachtenstück, über der Haube zur Trauer getragen, auch Heultuch genannt

Uffgesetz: Aufgesetz, Brautkrone der Marburger katholischen Tracht

Wamsärmel: ursprünglich am leinenen Frauenwams, Ärmelleibchen, befestigte, dann auch selbständig getragene, an den Ellenbogen mit reicher Stickerei auf schwarzem Samt ausgezierte Ärmel der Hinterländer Ämtertrachten

Ziehhaube: Überhaube zum Abendmahl aus weißem, in der Schwalm blauem Tüll

Zweispitz: aus der Rokokomode entlehnter, aufgeschlagener Hut der Schwälmer Männertracht

Zwickel, Zwickelstrumpf: aufgestickte oder eingestrickte Muster im Strumpf, farbig abgesetzt oder gleichfarbig

Auswahlbibliographie

Trachtenwerke und Abhandlungen zur Tracht allgemein

Bausinger, H.: Volkskultur in der technischen Welt. Stuttgart 1961

Bausinger, H.: Zu den Funktionen der Mode. In: Schweizerisches Archiv für Volkskunde, Bd. 68/69, Basel 1972/73, S. 22-32

Bringemeier, Martha: Volkstracht in ihrem Endstadium. In: Rh.-Westf. Zs. f. Vk. 2 (1955), S. 73-83

Bringemeier, Martha: Wandel der Mode im Zeitalter der Aufklärung. Kulturgeschichtliche Probleme der Kostümkunde. In: Rhein.-Westf. Zs. f. Vk. 13 (1966), S. 5-60

Dierking/Ehrenberg/Freitag u. a. (Hrsg.): Modeverhalten auf dem Dorfe. Göttingen 1972

Duller, Eduard: Das deutsche Volk in seinen Mundarten, Sitten, Gebräuchen, Festen und Trachten. Leipzig 1847

Eisenbart, Liselotte: Kleiderordnungen der deutschen Städte zwischen 1350 und 1700. Göttingen 1962

Fiedler, Alfred: Deutsche Volkstrachten. Leipzig 1954

Fiedler, Alfred: Die Reichskleiderordnungen in der Zeit der frühbürgerlichen Revolution als Instrument zur Stabilisierung der feudalen Ständeordnung. In: Der arme Mann 1525. Berlin 1975, S. 89-102

Geramb, Viktor: Die Volkstrachten. In: Adolf Spamer (Hrsg.), Die deutsche Volkskunde, Bd. 1, Leipzig 1934, S. 535-551

Gerndt, Helge: Kleidung als Indikator kultureller Prozesse. In: Schweizerisches Archiv für Volkskunde. Bd. 70, Basel 1974, S. 81-92

Helm, Rudolf: Die bäuerlichen Männertrachten im Germanischen Nationalmuseum zu Nürnberg. Heidelberg 1932

Helm, Rudolf (Hrsg.): Deutsche Volkstrachten aus der Sammlung des Germanischen Museums in Nürnberg. München 1932

Helm, Rudolf: Entartungserscheinungen der Volkstracht. In: Zeitschrift für Volkskunde 51 (1954), S. 165-168

Hottenroth, Friedrich: Deutsche Volkstrachten, städtische und ländliche, vom 16. Jh. an bis in die Mitte des 19. Jhs., 3 Bde., Frankfurt/M. 1898-1902

Hottenroth, Friedrich: Handbuch der deutschen Tracht. Stuttgart o. J.

Janke, Wolfgang (Hrsg.): Kostüm, Tracht. Mode. Zeitschrift für die Geschichte der Kleidung. Hamburg, Jg. 1, 1957 ff.

Julien, Rose: Die deutschen Volkstrachten zu Beginn des 20. Jahrhunderts. München 1912

Kinder in Tracht. Königstein i. T./Leipzig 1936 (= Der Eiserne Hammer)

König, René: Kleider und Leute. Zur Soziologie der Mode. Frankfurt/M. 1967

Kretschmer, Albert: Das große Buch der Volkstrachten. Nachdruck Eltville 1977

Nienholdt, Eva: Die Volkstracht. In: Wilhelm Peßler (Hrsg.), Handbuch der Deutschen Volkskunde. Bd. 3, Leipzig o. J., S. 65-139

Petsardeck-Heine, I.: Die Sprache der Kleidung. Wesen und Wandel von Tracht, Mode, Kostüm und Uniform. Wien 1966

Retzlaff, Erich: Deutsche Trachten. Königstein im Taunus/Leipzig 1936

Rumpf, Fritz: Der Mensch und seine Tracht ihrem Wesen nach geschildert. Berlin o. J.

Spieß, Karl: Die deutschen Volkstrachten. (= Aus Natur und Geisteswelt. Sammlung wissenschaftlich-gemeinverständlicher Darstellungen, Bd. 342). Leipzig 1911

Urff, G. S.: Deutsche Trachtenstudien. (Darin die Hüttenberger und Evang. Marburger Tracht). In: Berichte aus dem Knopf-Museum, 3 (1918), S. 45-52

Urff, G. S.: Der Schmuck in der deutschen Volkstracht (unter besonderer Berücksichtigung der süddeutschen und der hessischen Trachtengebiete. In: Die Heimatkunst 1 (1919), S. 295-299

Urff, G. S.: Westdeutsche Haartrachten. In: Über Land und Meer 62 (1919/20)

Weber-Kellermann, Ingeborg: Mode und Tradition. In: Populus revisus. Tübingen 1966, S. 17-27

Hessen allgemein

Ebert, Sigrid: Beiträge zur hessischen Trachtenforschung. In: Hessische Blätter für Volkskunde 39 (1941), S. 180–185

Gesticktes und Gestricktes. Dörfliche Textilkunst aus dem nördlichen Hessen. Katalog der Sonder-Ausstellung des Universitätsmuseums Marburg. Marburg/L. 1965

Grein, Gerd J.: Die Trachten im Großherzogtum Hessen, 1844. (= Sammlung zur Volkskunde in Hessen, 8). Langen o. J.

Grein, Gerd J.: Kleidungssitten in Homburg und seinem Umland. In: Hessische Heimat 32. Jg. 1982, S. 62-67

Gruß aus Hessen. 10 Trachtenbilder von Otto Ubbelohde. Mit einer Beschreibung der Trachten von Emil Wessel. Marburg/L. 1979

Haarberg, Rudolf: Alltagskleidung in Niedenstein und Umgebung während des 18. Jhs. In: Hessische Blätter für Volks- und Kulturforschung 6 (1978), S. 61–73

Heidelbach, Paul: Ein hessisches Trachtenfest (am 22. Juni 1911 zu Kassel). In: Hessenland 25 (1911)

Heldmann, Karl: Rezension zu Friedrich Hottenroth, Die Nassauischen Volkstrachten. In: Zeitschrift für hessische Geschichte und Landeskunde 40 (1907), S. 350-356

Helm, Rudolf: Schnittzeichnungen hessischer Trachten. In: Hessische Blätter für Volkskunde 27 (1928), S. 15-68

Helm, Rudolf: Hessische Trachten. Verbreitungsgebiete, Entwicklung und gegenwärtiger Bestand. I. Heidelberg 1932; II. Kassel 1934

Heßler, Carl (Hrsg.): Hessische Volkskunde. (= Hessische Landes- und Volkskunde. Das ehemalige Kurhessen und das Hinterland am Ausgange des 19. Jahrhunderts. Bd. II) Marburg 1904

Höck, Alfred: Entwicklung und Erforschung hessischer Trachten. In: Hinterländer Geschichtsblätter 48 (1969), S. 21-23

Hottenroth, Friedrich: Die Nassauischen Volkstrachten. Herausgegeben vom Verein für Nassauische Altertumskunde und Geschichtsforschung. Wiesbaden 1905

Justi, Ferdinand: Hessisches Trachtenbuch. Veröffentlichungen der Historischen Kommission für Hessen und Waldeck. Marburg/L. 1900 u. 1905

Kasseler Museumsverein (Hrsg.): Die Hessischen Trachtenbilder von Ferdinand Justi aus dem Besitz der Familie. Kassel 1929

Köpfe und Trachten. 37 Aufnahmen aus Hessen und Waldeck. Mit Geleitwort und Anmerkungen von Rudolf Helm. Kassel 1934

Ludwig, K.: Vom Birnbaummodel zum Gedrucks. Bäuerliche Kostbarkeiten der hessischen Blaufärberei. In: Hessenlandkalender, 1953

Lücking, Wolf / Hain, Mathilde: Trachtenleben in Deutschland III., Hessen. Berlin 1959

Martin, Bernhard: Karte und Text zur Trachtenverbreitung in Hessen, aufgenommen 1926-1932. In: Geschichtlicher Atlas von Hessen, bearb. von Friedrich Uhlhorn im Hessischen Landesamt für geschichtliche Landeskunde in Marburg. Marburg/L. 1960-1972

Retzlaff, Hans/Helm, Rudolf: Hessische Bauerntrachten. Marburg/L. 1949

Rumpf, Karl: Hessische Weißstickerei. Marburg/L. 1938

Spamer, Adolf: Hessische Volkskunst. Jena 1939

Spieß, Karl: Nachträge und Berichtigungen zu Friedrich Hottenroth, Die Nassauischen Volkstrachten. In: Nassovia 7 (1906)

Steinbrucker, Charl.: Die Kopfbedeckung der Frauen in Hessen. In: Heimat im Bild. Gießen 1938, Nr. 19

Stolle, Walter: Trachtenpuppen aus Hessen. Eine Zusammenstellung aus drei Jahrhunderten. Katalog zu einer Ausstellung des Hessischen Museumsverbandes 1977/78. Darmstadt 1977

Straub, August: Kurhessen hat seinen Trachtenreichtum bis heute bewahrt. In: Hessen-Journal 8 (1966), 2. Quartal, S. 20-22

Straub, August: Mit Stülpchen und Betzel. Kurhessen hat seinen Trachtenreichtum bis heute bewahrt. In: Hessischer Gebirgsbote 81 (1980), 2, S. 48-49

Wagner, K.: Geographisch-historische Volkskunde. In: Hessische Blätter für Volkskunde 21 (1922), S. 1-21

Weber-Kellermann, Ingeborg / Stolle, Walter: Volksleben in Hessen 1970. Arbeit, Werktag und Fest in traditioneller und industrieller Gesellschaft. Göttingen 1971

Marburger Evangelische Tracht und Trachten des Marburger Raumes

Ebert, Sigrid: Die Marburger Frauentracht. Diss. Marburg/L., 1939

Ebert, Sigrid: Die Marburger Frauentracht. (= Beiträge zur Volkskunde Hessens, Bd. 7) 2. veränd. Aufl. Marburg/L. 1967

Baumbach, Karl von: Kirchtrachten aus Fronhausen an der Lahn. In: Heimat-Schollen 13 (1933), Heft 6

Bosshammer, Horst Joh.: Trachten sterben langsam aus. Kleidung reichte fürs ganze Leben. In: Oberhessische Presse 114. Jg., 1979, Nr. 69, S. 10

Bosshammer, Horst Joh.: Die Marburger Tracht im Wandel der Zeiten. In: Aktives Alter, 1980, Nr. 13

Helm, Rudolf: Volkstrachten im Kreis Kirchhain. In: Heimat im Bild (Gießen), 1929, Nr. 23f.

Retzlaff, Hans: Im Marburger Trachtenland. In: Heimat im Bild (Gießen), 1932, 16

Urff, G. S.: Die Marburger Volkstracht. In: Der Leipziger 49 (1919)

Völker, Karl-Hermann: Trachtenpuppen – ein Hobby für lange Winterabende. Die Treisbacher Puppenschneiderin Käthe Dersch. In: Heimatjahrbuch Landkreis Marburg-Biedenkopf, 1980, S. 193-197

Marburger Katholische Tracht

Hain, Mathilde: Das Lebensbild eines oberhessischen Dorfes. Von bäuerlicher Tracht und Gemeinschaft. Jena 1936 (= Forschungen zur deutschen Volkskunde, 1)

Apel, Karl: Mardorf, Kreis Marburg, das Trachtendorf in der Krise. In: Eugen Lemberg und Lothar Krecker (Hrsg.), Die Entstehung eines neuen Volkes aus Binnendeutschen und Ostvertriebenen. Untersuchungen zum Strukturwandel von Land und Leuten unter dem Einfluß des Vertriebenen-Zustromes. Marburg 1950, S. 152-168 (= Schriften des Instituts für Kultur- und Sozialforschung München, 1)

Böth, Gitta: Kleidungsverhalten in hessischen Trachtendörfern. Eine empirische und historische Studie über den Wechsel von der Frauentracht zur städtischen Kleidung 1969-1976 am Beispiel Mardorf/Oberhessen. Mit einer Untersuchung zum Rückgang der Trachten in Hessen. Diss. Marburg/L. 1979

Böth, Gitta: Kleidungsverhalten in hessischen Trachtendörfern. Der Wechsel von der Frauentracht zur städtischen Kleidung 1969-1976 am Beispiel Mardorf. Zum Rückgang der Trachten in Hessen. Frankfurt am Main 1980 (= Europäische Hochschulschriften, Reihe 19, Volkskunde/Ethnologie, Abt. A: Volkskunde, Bd. 18)

Hain, Mathilde: Bemerkungen über das Trachtendorf Mardorf. In: Marburger und Biedenkopfer Land – gestern und heute, 2 (1978), S. 66-79; 3 (1979), S. 117-131; 4 (1979), S. 174-187

Höck, Alfred: Zur Schweinsberger Frauentracht. In: Schweinsberg 650 Jahre Stadt, 1982, S. 153-163

Höck, Alfred: Zur Frauentracht der Katzenberg-Dörfer. In: Kratz, Georg, Der Kreis Alsfeld. 1972, S. 90-95

Hinterländer Trachten

Bäumner, Günter: Das Hinterland – einst eine bunte Trachtenlandschaft. In: Aktives Alter, 1979, Nr. 10

Diehl, Wilhelm: Die Rettung der Hinterländer Weibermäntel (1769). In: Hessische Chronik 7 (1918), S. 23-25

Ewig, Ursula / Born, Anneliese: Die Frauentracht des Breidenbacher Grundes. Mit einer ergänzenden Untersuchung über das Obergericht. Marburg/L. 1964 (= Beiträge zur Volkskunde Hessens, 4)

Friebertshäuser, Hans: Die Frauentracht des alten Amtes Blankenstein. Marburg/L. 1966 (= Beiträge zur Volkskunde Hessens, 5)

Henssen, Dorothee: Die Dellmutschentracht des Hessischen Hinterlandes. Diss. Marburg/L. 1945

Henssen, Dorothee: Die Frauentracht des alten Amtes Biedenkopf. Bestand und Wandel seit 1900. Marburg/L. 1963 (= Beiträge zur Volkskunde Hessens, 2)

Mandel, Ursula: Die Frauentracht des Breidenbacher Grundes nach Beobachtungen im Dorf Breidenbach. Diss. Marburg/L. 1947

Spieß, Karl: Aus einer entlegenen Ecke. In: Die Kunst unserer Heimat 3 (1909)

Spieß, Karl: Die Volkstrachten im Kreis Biedenkopf. In: Jacobi, Karl (Hrsg.), Nassauisches Heimatbuch. Regierungsbezirk Wiesbaden. Bilder aus der Natur des Landes, dem geschichtlichen und kulturellen Leben seiner Bewohner. Wiesbaden 1913, S. 293-301

Spieß, Karl: Die Volkstrachten des Kreises Biedenkopf. In: Mitteilungen aus Geschichte und Heimatkunde des Kreises Biedenkopf, Vereinsblatt des Geschichtsvereins für den Kreis Biedenkopf, 6. Jg. Nr. 10, S. 53-55 und 7. Jg. Nr. 5, S. 109-114

Spieß, Anneliese: Hinterländer Stickereien in alter und neuer Zeit. Untersuchung und Verwendung alter Vorbilder aus dem Breidenbacher Grund im alten Kreis Biedenkopf. Mit einem Vorwort von Alfred Höck. Marburg/L. 1975

Schwälmer Tracht

Arm und Reich. Schwälmer Brautausstattung um 1930. Katalog zur Ausstellung der Arbeitsgruppe Vergleichende Ethnosoziologie im Fachbereich Gesellschaftswissenschaften der Philipps-Universität Marburg in Zusammenarbeit mit dem Universitätsmuseum. Marburg/L. 1972

Bantzer, Carl: Hessen in der deutschen Malerei. Marburg (1935), ^{3}1979

Gombert, Thekla: Bäuerliche Stickereien der Schwalm. In: Schwälmer Jahrbuch, 1972, S. 77-79

Graefe, Iris Barbara: Kindertragetücher in der Schwalm. In: Hessische Blätter für Volkskunde 56 (1965), S. 94-95

Heinemann, Marianne: Schwälmer Trachten. 16 Aquarelle. Hrsg. vom Schwälmer Heimatbund. Schwalmstadt 1977

Höck, Alfred: Namen und Einkommen von Schwälmer Näherinnen um 1875. In: Hessische Blätter für Volkskunde 56 (1967), S. 134-137

Höck, Alfred: Ludwig Emil Grimms Aquarell der Schwälmerin Annels (1829). In: Hessische Blätter für Volkskunde 1974, S. 263ff.

Metz, Heinz: Die textile Aussteuer einer Schwälmer Braut. In: Volkswerk, 1942, S. 66-74

Metz, Heinz: Das Abendmahlskleid der Schwalm. Stand von 1957. In: Schwälmer Heimatkalender, 1958

Metz, Heinz: Tracht, Sitte und Brauch im Kreis Ziegenhain. In: Der Kreis Ziegenhain. Stuttgart u. Aalen 1971, S. 96ff. (= Heimat und Arbeit, Bd. 3)

Metz, Heinz: Beiträge zur Kulturgeschichte der Schwälmer Tracht. Der Schwälmer Brustlappen. In: Mitteilungen des Geschichts- und Altertumsvereins der Stadt Alsfeld 11 (1971), 20, S. 317–320

Metz, Heinz: Die Schwälmer »Schürzenecken«. In: Schwälmer Jahrbuch, 1972, S. 43-45

Metz, Heinz: Beiträge zur Kulturgeschichte der Schwälmer Tracht. Die Schwälmer Frauenmütze (»Kappe« – »Betzel«) In: Mitteilungen des Geschichts- und Altertumsvereins der Stadt Alsfeld 12 (1973), 1, S. 2-6

Metz, Heinz: Tracht und Brauchtum in der Schwalm. In: Schwälmer Jahrbuch, 1975, S. 18-26

Müller, Heidi: Festtrachten der Schwalm. Berlin 1976 (= Informationsblätter des Museums für Deutsche Volkskunde Berlin, 914, 22)

Retzlaff, Hans: Die Schwalm. Mit einem Text von Heinz Metz. Berlin/Leipzig 1936

Retzlaff, Hans / Schuhmacher, E. M.: Kleine Reise in die Schwalm. Neu bearbeitet von Heinz Metz. München-Pullach o. J. (^{3}1971)

Salzmann, Irmgard: Schwälmer Näherinnen. Versuch einer Darstellung ihrer Arbeits- und Lebenswelt. In: Festschrift für Alfred Höck, Marburg/L. 1971

Scheller, Wilhelm: Das Trachtenfest in Treysa. In: Heimat-Schollen 6 (1926)

Schwalm, Johann Heinrich: Wandel der Schwälmer Mode im 19. Jahrhundert. In: Hessischer Gebirgsbote 40 (1934)

Schwalm, Johann Heinrich: Die Schwälmer Tracht im Wandel der Jahreszeiten und in verschiedenen Lebenslagen. Trachtenstudie. In: Hessenland 46 (1935), S. 138-145

Strack, Käthe: Vom Strumpf der Schwälmerin. In: Mein Heimatland (Hersfeld) 8 (1928), Nr. 13

Ulbrich-Hannibal, Hermann: So fest wie Ziegenhain. Schwälmer Rhythmen und

Trachten. In: Hessische Heimat. Gießener Allgemeine. (Heimatbeilage), 1973, S. 89-90

Weber-Kellermann, Ingeborg / Böth, Gitta: Soziale Strukturen und ihre museale Darstellung. (Arm und Reich in der Schwälmer Brautausstattung). In: Schweiz. Archiv für Volkskunde. Basel 1973, S. 703-711

Wessel, Emil: Beiträge zur Volkstracht der Schwalm. In: Hessenland 41 (1930), S. 37-42

Wieder, Georg: Die Schwälmer Männertracht. Ein Beitrag zu ihrer Funktion und zum heutigen Stand. In: Schwälmer Jahrbuch, 1979, S. 45-56

Die Hubbeltracht im Knüll

Baist, Heinrich: Die Landecker Festtracht. In: Die Stiftsruine 31 (1941), Nr. 4

Baist, Heinrich: Die Kleidung der Landecker jetzt und um die Jahrhundertwende. In: Mein Heimatland (Hersfeld) 15 (1952), Nr. 3 und: Hersfelder Heimatkalender 1957

Baist, Heinrich: Die Landecker Festtracht. In: Mein Heimatland (Hersfeld) 24 (1970/71), S. 8

Lepel, Burkhard von: Trachten aus der Hersfelder Gegend vor 100 Jahren. In: Mein Heimatland (Hersfeld) 12 (1937), Nr. 13

Miehe, Brunhilde: Die Hersfelder Tracht. In: Knüllgebirgsbote 2 (1979), S. 36-44

Miehe, Brunhilde: Auf den Spuren Hersfelder Tracht. In: Mein Heimatland 28 (1979), S. 81-84

Schwarz, G.: Die selten gewordenen »Hubbelfrauen«. In: Hessischer Gebirgsbote 63 (1962)

Niederhessische Trachten und Ringgautracht

Helm, Rudolf: Die niederhessische Volkstracht. In: Hessische Heimat 1 (1937), Heft 2

Helm, Rudolf: Zum Untergang der Tracht in Niederhessen. Letzte Lebensäußerungen. In: Hessische Blätter für Volkskunde 56 (1965), S. 95-100

Muster, Karl: Die Spitzbetzeltracht im Amte Felsberg des Kreises Melsungen. Ein Beitrag zur niederhessischen Volkstracht. In: Handbuch des Kreises Melsungen, 1953, S. 1-12

Wessel, Emil: Beiträge zur niederhessischen Trachtenkunde. In: Hessische Blätter für Volkskunde 27 (1928), S. 1-14

Trachten in Waldeck und Wittgenstein

Bing, Ludwig: Waldeckische Schultertücher. Ein Beitrag zur waldeckischen Trachtenkunde. In: Waldeckischer Landeskalender 233 (1960)

Bing, Ludwig: Die waldeckische Männertracht im 19. Jahrhundert. Ein Nachtrag. In: Waldeckischer Landeskalender 239 (1966), S. 83-84

Helm, Rudolf: Die Waldecker Volkstracht. In: Das Land Waldeck. Wanderausstellung. Kassel 1929, S. 37-38

Lange, A.: Die Bauerntracht im Feudinger Kirchspiel. In: Wittgenstein, 58. Jg., Bd. 34 1970, S. 97-99

Wessel, Emil: Die Volkstracht in Waldeck. In: Mein Waldeck 5 (1928), Nr. 13

Schlitzerländer Tracht

Deibel, Hans: Die Volkstrachten des Schlitzerlandes. Marburg/L. 1967 (= Beiträge zur Volkskunde Hessens, Bd. 6)

Deibel, Hans: Ein alter Grabstein erzählt von Lauterbacher Trachten. In: Heimat im Bild 47 (1976)

Deibel, Hans: »Der Margaretha ihr geflambt Röckchen gebügelt«. Plaudereien aus einem alten Schlitzerländer Nähkästchen. In: Schlitzer Bote Nr. 75, 24. Juni 1978, S. 11ff.

Deibel, Hans: Firwes-Ferwes-Firbes-Ferbes. In: Schlitzer Bote Nr. 122, 15. Okt. 1981, S. 11

Friess, Konrad: Bewahrer alten Volksgutes. Der Schlitzerländer Trachten- und Volkstanzkreis. In: Heimat im Bild, 1969, Nr. 26

Hain, Mathilde: Bäuerliche Strickkunst im Schlitzerland. In: Zeitschrift für Volkskunde, NF 10, 1939, S. 289-296

Müller, Ludwig: Volkskunst mit alter Tradition: Seelenwärmer, Motzen und Förbes. Alte Trachten und wie man sie heute macht. In: Fuldaer Zeitung, 98. Jg., 1977, Nr. 208, S. 12

Retzlaff, Hans: Schlitz und das Schlitzer Ländchen. In: Heimat im Bild (Gießen), 1933, Nr. 12

Sippel, Heinrich: Trachtenfeste und Volkstrachten im Schlitzerland. In: Vergangenheit 23 (1970), S. 41-42, 46-47

Sippel, Heinrich: Das Fest der bunten Trachten: 50 Jahre Trachtenfest in Schlitz. Hrsg. von der Kreisvolkshochschule Vogelsberg e.V., Heimatgeschichtlicher Arbeitskreis Schlitz. Schlitz 1977

Sommer, Wilhelm: Die Schlitzerländer Frauentrachten. In: Volk und Scholle 13 (1935), S. 213ff. und Heimat im Bild (Gießen) 1928, Nr. 1

Trachten der Fuldaer Gegend, des Kinzigtales und der Rhön

Kartels, Joseph: Zur Frauentracht im alten Fulda. In: Fuldaer Geschichtsblätter 2 (1903)

Pfeiffer, Justus: Altfuldaische Frauentrachten. In: Buchenblätter 7 (1926), Nr. 23

Etwas von der Rhöner Tracht. In: Buchenblätter 16 (1935), Nr. 31ff.

Gutmann, H.: Von der alten Rhöner Volkstracht. In: Rhönwacht, 1958

Winterling, Alois: Die alten Trachten der Hohen Rhön. In: Buchenblätter 17 (1936), Nr. 45ff.

Frickel, Jürgen: Alte Trachten im Kinzigtal. In: Heimatjahrbuch des Kreises Gelnhausen, 1968, S. 81-82

Schmidt, Wolfgang: Über ehemalige Tracht und Kleidung der Bewohner des Kreises Schlüchtern. In: Unsere Heimat (Schlüchtern) 1 (1910), Nr. 11

Odenwälder Trachten

Au, Hans von der: Odenwälder Tracht. Darmstadt 1952

Au, Hans von der: Odenwälder Schäpel. In: Volk und Scholle 20 (1942)

Au, Hans von der: Kurmainzer Käppelchen an der Bergstraße. In: Die Starkenburg 26 (1949), Nr. 1

Au, Hans von der: Die Odenwälder Tracht – Ein vergessenes Kapitel hessischer Heimatkunde. In: Hessenkalender, 1950 und 1952

Au, Hans von der: Die Odenwälder Tracht vor 100 Jahren. In: Volk und Scholle 24 (1952), S. 36-40

Au, Hans von der: Schnorrtasche und Kommodchen – Blüte und Verfall der Odenwälder Tracht. In: Merian, H. 10, 1954, S. 20-23

Grein, Gerd J.: Odenwälder Trachten. Otzberg-Lengfeld 1980 (= Sammlung zur Volkskunde in Hessen, Bd. 17)

Reutter, Rolf: Frühere Kleidertracht im Odenwald. In: Geschichtsblätter Kreis Bergstraße 13 (1980), S. 263-264

Sattler, Peter W.: Wenig bunte Pracht unter dem Dreimaster. Trachten erleben im Odenwald eine Renaissance. In: Odenwälder Wochenblatt. Michelstädter Zeitung 12 (1980), Nr. 35, S. 1-2

Samstags trug der Odenwälder den Nebelspalter. In: Frankfurter Allgemeine Zeitung, Nr. 252, 29. 10. 1977

Trachten um Frankfurt und in der Dreieich

Becker, Horst R.: Kleidungssitten vor 150 Jahren. Über Trachten in Bergen-Enkheim und Umgebung. In: Aus der Heimat 7 (1979), S. 1-12

Grein, Gerd J.: Die Tracht in der Dreieich. In: Landschaft Dreieich, 1960

Grein, Gerd J.: Die Tracht in der Dreieich. In: Hessische Heimat, 27. Jg., 1977, S. 62-68

Hottenroth, Friedrich: Altfrankfurter Trachten von den ersten geschichtlichen Spuren an bis ins 19. Jahrhundert. Frankfurt/M. 1912

Die Tracht der Wetterau und ihrer Randgebiete

Gruß, Jos.: Die oberhessische Tracht und ihre Farbenpracht. In: Buchenblätter (Fulda), 11 (1930), Nr. 17

Roeschen, August: Rabenauer Trachten und Volksleben vor 50 Jahren. In: Heimat im Bild (Gießen) 1926, Nr. 1

Rothmann, Artur: Die Rabenauer Tracht. Londorf 1958

Schutte, Otto: Von oberhessischen Trachten. In: Hessische Blätter für Volkskunde 27 (1928), S. 199-201

Wessel, Emil: Zur Volkstracht von Münzenberg und Umgebung. In: Bad Nauheimer Jahrbuch 14 (1935)

Hüttenberger Tracht

Bach, Anton: Hüttenberger Tracht, Sitten, Gebräuche und Hausbau. In: Heimat im Bild (Gießen), 1926, Nr. 5

Bach, Anton: Die Hüttenberger Tracht. In: Der Taunus 12 (1927)

Erfahrungen eines ehrsamen Weilburger Bürgers auf dem Trachtenfest in Butzbach, von ihm selbst erzählt. In: Weilburger Blätter 32 (1980), S. 253-256; zuerst in: Rheinischer Kurier, 30. 6. 1906

Luh, Wilhelm: Die Hüttenberger Frauentracht. In: Hessische Blätter für Volkskunde 25 (1926), S. 18-84

Luh, Wilhelm: Die Hüttenberger Volkstracht im Rahmen der bäuerlichen Gemeinschaft. Diss. Frankfurt 1927

Otto, Eduard: Die Volkstracht des Amtes Hüttenberg. In: Zeitschrift des Vereins für Volkskunde 8 (1898), S. 361-379

Reeck, Hannah und Emmerich: Die letzte Trachtenhochzeit in Hüttenberg. In: Volk und Scholle 13 (1935)

Schneider, E.: Volkstracht und Sitte in Hüttenberg. In: Nassauische Heimat 1935, Nr. 15

Schneider, Ludwig: Das alte Hüttenberger Brauthalstuch. In: Heimat im Bild (Gießen), 1937, Nr. 16

Söhngen, Karl: Wie es zum Untergang der Hüttenberger Tracht kam. In: Heimat im Bild (Gießen), 1950, Nr. 6

Wagner, Werner: Watzenborn-Steinberger und die Hüttenberger Trachten. Eine Bestandsaufnahme. In: Heimat im Bild (Gießen), 1980, S. 50-51

Weber-Kellermann, Ingeborg: Volkskunde und Volksleben im Raume Gießen. In: Günter Naumann (Hrsg.), Gießen und seine Landschaft in Vergangenheit und Gegenwart. Gießen 1970, S. 169-188

Trachten des Dillgebietes und des Westerwaldes

Eigenartige Volkstrachten einst auf dem Westerwald. In: Unser Heimatland 48 (1980), S. 85–86

Herold, August: Die alte Volkstracht im ehemaligen Amt Diez. In: Lahnzeitung 87 (1936), Nr. 263

Hofmann, Martin: Kleidung und Hausrat um 1900 und vor 180 Jahren. In: Heimatjahrbuch für den Dillkreis, 11. Jg., 1968, S. 39-42

Hottenroth, Friedrich: Die alte Tracht des Dillgebietes. In: Heimatjahrbuch für den Dillkreis. 8./9. Jg., 1965/66, S. 42-53

Kunz, Eugen: Die Eibacher Tracht. In: Heimatjahrbuch für den Dillkreis, 8./9. Jg., 1965/66, S. 33-41

Löber, Karl: Das Trauertuch. Merkwürdiges um einen brauchtümlichen Trachtenrest. In: Heimatjahrbuch für den Dillkreis, 2. Jg., 1959, S. 110-116

Müller, Lina: Westerwälder Trachten. In: Der Westerwald 33 (1939)

Müller-Klöckner, Lina: Westerwälder Trachten in früherer Zeit. In: Heimatkalender des Kreises Altenkirchen, 9. Jg., 1966, S. 104-106

Runkel, Otto: Westerwälder Trachten in alter Zeit. Zur Trachtenschau auf dem Westerburger Heimatfest. In: Nassauischer Bote, 70 (1939), Nr. 180

Salzmann, Irmgard / Löber, Ulrich: Über weißgestickte Trachtenkäppchen aus dem östlichen Westerwald. In: Heimatjahrbuch für den Dillkreis. 8./9. Jg., 1965/66, S. 53-59

Stückrath, Otto: Die Trachten des Westerwaldes. In: Der Westerwald. Hrsg. von Leo Sternberg, 1911